主体性育成の観点から アクティブ・ラーニングを考え直す

後藤文彦
Fumihiko Goto

ナカニシヤ出版

まえがき

　主体性重視の教育改革が進められるにあたって，アクティブ・ラーニングがまるで救世主のように注目され，いまや，それは「公定の教育方法」(松下・京都大学高等教育研究開発センター，2015) とまでいわれるようになっています。しかし，教育界の様子をよくみてみると，かつての思考力重視教育がかえって思考力低下を招いてしまい，「はいまわる経験主義」と揶揄された戦後教育の二の舞を演じているように思われてなりません。

　じつは，二の舞はすでに始まっているのです。全国の大学生5,000人ほどを対象にした大規模調査（ベネッセコーポレーション，2016）がそのことを物語っています。調査によると，アクティブ・ラーニングの経験は増加しているのに対して，学生の受け身の姿勢が強まっているのです。学生が主体的になることを目指している教育が普及しているにもかかわらず，実際はそうはなっていないのです。思考力重視の教育がとられたにもかかわらず，学び手の思考力が低下してしまった過去の事例と重なってくるものがあります。

　恐ろしいのは，このようなデータを突きつけられても，危機意識をもって過去の事例を顧みようとする動きがみられないことです。斯界は，教育の成果が出るには時間がかかるのでもう少し様子をみよう，というムードにあるように見受けられます。教育の成果をみるには時間を要するというのは常識に訴えるところもあり，それだけに説得力もあります。

　しかし，先ほどの調査は8年間にわたって3回行われたものです。教育の観点からみて8年間は十分な長さであるかどうかは難しいところではありますが，4年間の大学教育からすれば，その間に2回転しているわけですから，安穏としてみているわけにはいかないように思われます。

　思考力重視教育の失敗要因はすでに洗い出されています。経験主義にもとづいた教育をすれば思考力が向上するという短絡的な思い込みが失敗要因としてあげられているのです。学習活動と思考力との関係についての実証的な検証が十分なされないままで経験主義教育が教育現場に落とし込まれてしまったのです。たとえば，よい教材を読めば思考力がつくといった短絡的な思い込みの教育が教育現場でなされたことになります。

　同じような失敗を繰り返そうとしているいま，貴重な過去の過ちを活かさない

手はありません。グッド・プラクティスの的確性の分析をそっちのけにして，グッド・プラクティスと評されるアクティブ・ラーニングをすれば学び手は主体的になるという思い込み教育になってはいないでしょうか。

　筆者はこのような危機感に駆られて本書を書きました。本書の分析は教育現場で長年蓄積されたデータにもとづいています。そして，分析の結果として，主体性問題に対処し，学びを深めるためには，アクティブ・ラーニングを教育目的に応じて的確に使い分ける必要があることを示唆しています。

　一方，ビジネスの世界に目を向けると，主体性問題は若手社員の指示待ち問題として最重要課題にあげられています。そのことは，2006年に実施された経済産業省の「社会人基礎力に関する緊急調査」によって明らかにされています。この問題には，教育界と同様にビジネス界もてこずっているのです。

　ビジネス界でも，教育界が主体性問題に注力しているのと同様に，指示待ち問題に懸命に対処しようとしています。その証拠に，書籍のネット通販サイトで「指示待ち」で検索してみてください。キャッチーなタイトルのついた本が驚くほどたくさん出てきます。「指示待ち」でカバーできないものをも入れればたいへんな数にのぼるのではないかと思われます。それほど大問題なのです。

　切羽詰まった現場は，何とかしなくてはいけないので，いきおい，読んですぐに使えそうなハウツーものに頼ってしまいます。このような様子は，教育界も同じです。思考力教育とかアクティブラーニングとかいわれても，すみやかな実践を迫られる現場では「どうすればよいか」が最優先されてしまい，ハウツーものに関心が集まるのは当然の帰結だといわざるをえません。

　本書は，教育現場の経験にもとづいて書かれてはいますが，ビジネス書でもあります。しかも，本書は，表層的なハウツーものではなく，指示待ち問題の根源にまで関わっています。しかし，理念倒れに終わっているわけでは決してありません。ハウツーは欠くことのできない大切な要素だと思っていますので，筆者の現場経験にもとづいたエビデンスのあるハウツーまでを明らかにしています。根源的な部分まで掘り下げてあるだけに，本書は，多様な分野で，誰でも活用できる汎用性あるハウツーものになっています。

　以上のように，本書は，指示待ち人間の根源的変容をねらった，エビデンスある汎用的ハウツーものだと自負しています。とはいえ浅学菲才の身，思わぬ過ちを犯しているかもしれません。忌憚ないご批判を賜りたくお願い申し上げます。

　本書を完成するにあたっては多くの方々のご支援を賜りました。ここで，皆様

に心から感謝申し上げます。なかんずく，適性科学研究センターの前社長 故岡野一央博様との出会いとご指導がなければ，本書の中核をなしている交流分析，とりわけ透過性調整力の教育への活用はあり得ませんでした。また，現社長 岡野一伸子様には引き続きご指導いただいています。京都産業大学元理事 中川正明様には，筆者をキャリア教育に結びつけていただいたうえに，その後の教育活動の強力なご支援をいただきました。京都産業大学コーオプ教育研究開発センター（当時）の初代部長林誠次様にはコーオプ教育立ち上げ当初の困難な時期に，企画・予算に関する強力なご支援をいただきました。さらに京都産業大学キャリア教育センター部長井上正樹様をはじめ同センターの皆様には，キャリア教育を進めるにあたって格別のご支援を賜ったうえ，退職後も引き続きご支援をいただいています。また，京都産業大学法学部准教授 久保秀雄先生からは学生の実態調査に関する貴重な資料を提供いただきました。さらに，京都産業大学学長室課長 大西達也様には，学生の就職に関する詳細で貴重なデータをご提供いただきました。データをいただいたときには，満足できる分析には至りませんでしたが，このたび，やっと，それを役立てることができました。ここに改めて御礼申し上げます。そして，何よりも，京都産業大学の課題解決型授業を協働して進めてきた担当教職員の皆様や大勢の受講生には多くの気づきと前に進む力とをいただきました。最後に，出版事情の厳しい昨今にもかかわらず，このような書籍の出版を前著に引き続きお引き受けいただいた株式会社ナカニシヤ出版と見違えるように読みやすく見やすい紙面につくりあげていただいた第2編集部長の米谷龍幸様と編集に携わっていただいた皆様とに厚く御礼申し上げます。

【参考文献】
ベネッセコーポレーション（2016）.「第3回大学生の学習・生活実態調査報告書 ダイジェスト版（2016年）」〈http://berd.benesse.jp/koutou/research/detail1.php?id=5169（最終アクセス日：2017年8月10日）〉
松下佳代・京都大学高等教育研究開発推進センター［編著］（2015）.『ディープ・アクティブラーニング―大学授業を深化させるために』勁草書房

目　次

まえがき　*i*

01　若者の主体性問題は大きな課題 ── *1*
1　産業界　*1*
2　教育界　*4*
3　主体性重視教育の背後に透ける二の舞の気配　*6*
4　世間に広がっている主体性問題対処法の危うさ　*8*

02　主体的という言葉の意味 ── *13*
1　言葉の意味は文脈が決める　*13*
2　「社会人基礎力」の意味する主体性　*15*
3　中央教育審議会答申の意味する主体性　*16*
4　心理学者が提唱する主体性の意味　*18*

03　アクティブ・ラーニングは主体性育成に有効か ── *25*
1　全国大学生実態調査にみるアクティブ・ラーニングの効果　*25*
2　アクティブ・ラーニングによる主体性の伸長が報告されているケース　*28*
3　主体性伸長にアクティブ・ラーニングが無力であったケース　*29*

04　どのようなときに主体性が発揮されるのか ── *33*
1　友達に認められたことがきっかけに　*33*
2　主体性に伸長がみられる子どもはどこかで何らかのかたちで自信をつけている　*34*
3　主体性は他者とのかかわりの過程で回復するもの　*35*

05　主体性問題をみるときの二つの視点 ── *37*
1　最強の科学者と評されているＷ博士の話　*37*
2　「主体性が発揮できていない」から「主体性がない」と思うのはとんだ間違い　*39*

目　次　v

　　3　具体的にどのような間違いが起きているのか　40
　　4　マズローの人間性心理学　41
　　5　主体性発揮阻害要因を探る：マズローの欲求階層論　42

06　大学生にみる主体性阻害要因の実態 ─── 45

　　1　阻害要因の実態をみるのになぜ交流分析を用いるのか　45
　　2　交流分析では対人関係のパターンを四つに分ける　46
　　3　大学生の実態①：全体像　49
　　4　大学生の実態②：偏差値別　50

07　マズローの心の健康と交流分析上の心の健康 ─── 53

　　1　「OK牧場の図」を介してみたマズローの心の健康と交流分析上の心の健康との関係　53
　　2　心の健康度と主体性との間にはかなりの相関がある　55
　　3　健康な心は学生生活を充実させ，就職活動を成功に導く　57

08　交流分析上の心の健康の正体 ─── 63

　　1　何かをしようとするとき，心のなかでは会議が開かれている　63
　　2　心の仕組みの働きをめぐって五人の私がいる　65
　　3　心のなかにいる五人の発言力を測定して可視化するエゴグラム　67
　　4　五人の私の発言力を入試偏差値別にみたら　69
　　5　心のなかにはもう一人の私，ファシリテータがいる　71
　　6　心のなかの五人の私とファシリテータとの全体的な関係を概観する　73
　　7　健康な心によって五人の私の発言力は均等化される　75

09　心の健康度を高めるための実験的研究の成果 ─── 77

　　1　大学生を対象にした実験　77
　　2　社会人を対象にした実験　79

10 アクティブ・ラーニングを使い分けて教育効果を高める ─── 83

1 2種のアクティブ・ラーニングが心の健康度に及ぼす効果　83
2 心の健康促進をねらった教育の仕組み　85
3 心の健康促進をねらった教育の具体的効果　90

あとがき　95

付録①　主体性テスト　98
付録②　IU タイプ別心の健康度平均・SD（一要因分散分析）　99
付録③　心の健康度と「私は OK である」・「あなたは OK である」との相関　99
付録④　心の健康度と主体性との関係　99
付録⑤　PC 値と内定時期との相関　100
付録⑥　月末現在内定群・未定群の PC 平均値（SD），人数（N）および検定結果　100
付録⑦　心の健康度別にみた五人の私の平均・SD（一要因分散分析）　101
付録⑧　透過性調整力平均値（SD）の事前・事後比較　101
付録⑨　アサーション的な傾向平均値の事前・事後比較　102
付録⑩　透過性調整力平均値（SD）の事前・事後比較　102
付録⑪　心の健康度の年度別事前・事後平均値（SD），人数（N）および検定結果　103
付録⑫　相関係数（N=1,157）　103
付録⑬　エゴグラム事前・事後平均値（SD），人数（N）および検定結果　104

01 若者の主体性問題は大きな課題

　今の若者たちのもっている特性の一つに指示待ちの姿勢，言い換えれば主体性のなさがあげられています。そのことは，ビジネスの世界では若手人材の問題として取り組まれてきました。また，大学の世界では，学生の学びへの取り組みの問題として対処されてきました。ところが，この問題に，最近，経済産業省や文部科学省が乗り出してきたのです。いまや，若者の主体性問題はわが国の将来にかかわるたいへん大きな課題になっているといっても過言ではありません。

1 産業界

　産業界や教育界の現状を踏まえて，経済産業省は，職場などで求められている能力を明確化する調査に取り組みました。そして，組織や地域社会のなかで，多様な人々とともに仕事を行っていくうえで必要な基礎的な能力を，社会人基礎力としてまとめ上げ，社会人基礎力を育成・評価することをビジネス界や教育界など広く世間に広めてきました（社会人基礎力に関する研究会, 2006）。そして，社会人基礎力を構成する要素の一つに主体性があげられており，主体性が産業界から最も注目されていることが後の調査で明らかになります。

　ところで，社会人基礎力は三つの能力からなっており，その三つの能力があらわしている意味は 12 の具体的な要素を用いて説明されています（表 1-1）。

　社会人基礎力を公表するやいなや，経済産業省は，社会人基礎力と企業が求めている人材像や若手社員の能力との関係を調査しました（経済産業省, 2006）。その結果，主体性が，12 の能力要素のなかでも最も注目されていることがわかりました。

　まず，企業が求めている人材像と社会人基礎力の 12 能力要素との関係です（図

表 1-1　社会人基礎力とその能力要素（経済産業省, 2006：14）

社会人基礎力	能力要素	内容
前に踏み出す力（アクション）	主体性	物事に進んで取り組む力 【例】指示を待つのではなく，自らやるべきことを見つけて積極的に取り組む。
	働きかけ力	他人に働きかけ巻き込む力 【例】「やろうじゃないか」と呼びかけ，目的に向かって周囲の人々を動かしていく。
	実行力	目的を設定し確実に行動する力 【例】言われたことをやるだけでなく自ら目標を設定し，失敗を恐れず行動に移し，粘り強く取り組む。
考え抜く力（シンキング）	課題発見力	現状を分析し目的や課題を明らかにする力 【例】目標に向かって，自ら「ここに問題があり，解決が必要だ」と提案する。
	計画力	課題の解決に向けたプロセスを明らかにし準備する力 【例】課題の解決に向けた複数のプロセスを明確にし，「その中で最善のものは何か」を検討し，それに向けた準備をする。
	創造力	新しい価値を生み出す力 【例】既存の発想にとらわれず，課題に対して新しい解決方法を考える。
チームで働く力（チームワーク）	発信力	自分の意見をわかりやすく伝える力 【例】自分の意見をわかりやすく整理した上で，相手に理解してもらうように的確に伝える。
	傾聴力	相手の意見を丁寧に聴く力 【例】相手の話しやすい環境をつくり，適切なタイミングで質問するなど相手の意見を引き出す。
	柔軟性	意見の違いや立場の違いを理解する力 【例】自分のルールややり方に固執するのではなく，相手の意見や立場を尊重し理解する。
	情況把握力	自分と周囲の人々や物事との関係性を理解する力 【例】チームで仕事をするとき，自分がどのような役割を果たすべきかを理解する。
	規律性	社会のルールや人との約束を守る力 【例】状況に応じて，社会のルールに則って自らの発言や行動を適切に律する。
	ストレスコントロール力	ストレスの発生源に対応する力 【例】ストレスを感じることがあっても，成長の機会だとポジティブに捉えて肩の力を抜いて対応する。

1-1）。図を見てみると，主体性が，企業規模にかかわらず最も高い割合で求められています。

次は，若手社員に不足していると企業が思っている能力と社会人基礎力の12の能力要素との関係です（図1-2）。これについても，企業規模にかかわらず主体性がトップにあがっています。

01 若者の主体性問題は大きな課題　　3

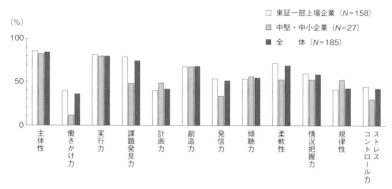

図 1-1　企業が求める人材と社会人基礎力の 12 能力要素との関係
（出典：経済産業省（2006）に掲載されているグラフを改変）

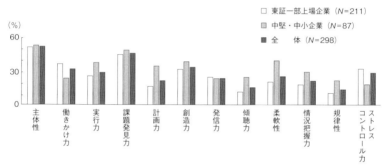

図 1-2　若手社員に不足している能力と社会人基礎力の 12 能力要素との関係
（出典：経済産業省（2006）に掲載されているグラフを改変）

　ただし，ここで，頭に入れておかなければならないことが一つあります。それは主体性という言葉が内包している意味です。ここでは，表 1-1 にあったように，たとえば指示を待つのではなく，自らやるべきことを見つけて積極的に取り組むというような，物事に進んで取り組む力という意味を主体性という言葉に含ませてあります。要は，指示待ちが社会人基礎力のいう主体性のポイントになっており，その背後には，指示を受けるまでもなく自ら行動できるということが想定されているのです。行動は，本人も自覚しやすく，他人からも観察可能ですから，主体的であるかどうかを判断するのに明確かつ客観的だとして，万人受けする基準にふさわし

いものだと考えられます。ここのところをとりあえず念頭に置いておいてください。なぜ，念頭に置かなければいけないのか，その理由は第5章で明らかにされます。

2 教育界

　一方教育界では，産業界より少し遅れて，主体性を軸の一つに据えた教育改革が進められています。改革は，幼稚園から大学までを通して進められており，主体性が一貫した重要なテーマの一つとして取り上げられています。そこで，文部科学省が押し進めている教育改革の様子を，主体性に焦点を合わせてみてみましょう。

　中長期的な大学教育のあり方について文部科学大臣から諮問を受けた中央教育審議会は大学改革に向けた答申を出しました。それが，「新たな未来を築くための大学教育の質的転換に向けて——生涯学び続け，主体的に考える力を育成する大学へ（答申）」（中央教育審議会, 2012）です。いまを予測困難な時代としてとらえ，社会から大学に寄せられている期待に応えるべく，大学教育の質的転換をねらった内容になっています。

　ところで，答申がねらっている質的転換とはどのような転換なのでしょうか。答申は，社会の変化にともない求められている人材も変化したので，教育もそれに応じた人材の育成を目指さなければならないと考えているのです。そのことが，学生が自らの人生を切り開くために役立つと考えられているからなのです。

　それでは，答申では，従来の社会とはどのような社会で，その社会ではどのような人材が必要とされると考えられているのでしょうか。答申のなかで今の社会と対比されているのは，かつての高度経済成長期の社会です。当時の企業は大学教育にことさら期待を寄せていたわけではなく，人材は，入社後，企業で育成するという考え方が一般的でした。当時にあっては，高度経済成長に向けて脇目も振らずにひたすら邁進する均質な人材が求められていたと答申は考えているのです。

　ところが，いまや，予測が困難な社会に突入しています。グローバル化や少子高齢化，経済環境の激烈化，日本型雇用環境の変化，人間関係の希薄化，格差の再生産・固定化，豊かさの変容など，変化が複合的に生じているのです。このような時代に求められるのは，生涯学ぶ習慣や主体的に考える力をもった，予測困難な状況で生じ得るどんな状況にも対応できる多様な人材だ，と考えられているのです（中央教育審議会大学分科会大学教育部会, 2012）。教育には，かつて求められていた均質な人材に代わって多様性をもたらす主体的な人材が求められているのです。

このような思いを実現させるために，答申は，主体的な学修体験を学生にさせるよう大学教育に要求しています。答申が見慣れた「学習」という文字を使わずに，馴染みの薄い「学修」という文字を用いているのにはそれなりの意味があります。大学で学んだ証として単位が授与されるには，講義や演習，実験，実習，実技などの授業時間のみならず，事前の準備や事後の展開までの学びが大学設置基準で要求されており，これらすべてを含めて学修と答申はいっているのです。この主体的な学修の体験を積み重ねることによって，主体的に考える力が身につくと答申は考えています。

ここで，「主体的な学修の体験を積み重ねることによって主体的に考える力が身につく」という答申の考え方に注目してください。この考え方の背後には，主体的な体験を繰り返すことによって主体性が強化されるということが想定されています。繰り返し訓練すれば弱いところが強化されるというのは一般的でわかりやすく，誰にでも受け入れられやすい考え方です。このところをとりあえずしっかり頭に入れておいてください。なぜ，頭に入れておかなければならないのか，そのわけは，さきほどの社会人基礎力の場合と同様に，第5章で明らかになります。

そして，大学教育の質的転換を図る方策として能動的学修（アクティブ・ラーニング）の導入を勧めています。2012年の答申には用語集がついており，そこで，アクティブ・ラーニングは次のように説明されています。すなわち，教員による一方的な講義形式の教育とは異なり，学修者の能動的な学修への参加を取り入れた教授・学習法で，その総称がアクティブ・ラーニングだとされているのです。アクティブ・ラーニングは，学修者が能動的に学修することによって，認知的，倫理的，社会的能力，教養，知識，経験を含めた汎用的能力の育成を図るものとしてとらえられています。具体的には，発見学習，問題解決学習，体験学習，調査学習などが含まれており，教室内でのグループ・ディスカッション，ディベート，グループ・ワークなども有効な方法としてあげられています。そこでは，教員と学生とが意思疎通を図りつつ，共に切磋琢磨し，相互に刺激を与えながら知的に成長する場をつくることで，学生が主体的に問題を発見し，解を見出していくことが期待されているのです。

引き続き，2012年の大学教育に関する答申を受けて，中央教育審議会は，幼稚園から高等学校までを対象にした答申を出しました（中央教育審議会, 2016）。その答申にあっても，大学生と同様に，子どもたちの主体性が取り上げられています。

そこでも，子どもたちが生き抜く時代は予測困難な時代としてとらえられており，

主体的に学習に取り組む態度がポイントの一つになっています。すなわち，予測困難ないまの時代にあって，子どもたち一人ひとりが未来の創り手になる力を身につけなければならず，そのためには，予測できない変化に対して主体的に向き合って，かかわり合う態度が重要であると答申は考えています。そして，「主体的・対話的で深い学び」の実現を目指して，アクティブ・ラーニングの視点を答申はあげています。

　以上のような流れのなかにあって，2016年3月31日「高大接続システム改革会議「最終報告」」（高大接続システム改革会議, 2016）が公表されました。この会議は，高等学校教育改革，大学教育改革および大学入学者選抜改革を一貫した理念にもとづいて一体的にとらえて成し遂げようとするもので，高大接続システム改革会議と名づけられました。そこでは，学力の3要素（「知識・技能」「思考力・判断力・表現力」「主体性を持って多様な人々と協働して学ぶ態度」）が重視されています。

　当然，大学入学者選抜試験も改革に見合ったものに変わることが考えられます。中央教育審議会会長や高大接続システム改革会議座長を務め，一連の改革をリードしてきた安西は大学入学者選抜試験について次のように述べています（安西, 2017）。すなわち，一連の改革は，受け身の教育から能動的な学びへの転換を目指したシステム化されたものであるため，テストも，受験者の思考力や主体性を育み評価する方向に変わる必要があるというのです。すでに準備は着々と進んでおり，「大学入学共通テスト（仮称）」の記述式問題のモデル問題例が2017年5月に大学入試センターから公表されています。

3　主体性重視教育の背後に透ける二の舞の気配

　主体性重視の方向に舵を切った教育改革の考え方を吟味してみると，思考力重視を標榜した戦後教育がかえって思考力低下を招いてしまったことが彷彿としてよみがえってきます。周知のように，教育は，長期にわたって代々に影響し続けます。このままでは，思惑とは反対の結果を招いてしまった貴重な過去の経験が葬り去られてしまうのではないかと心配してしまいます。全国の教育現場が二の舞をいっせいに演じさせられ，取り返しがつかなくなる前に，思考力重視教育がはまり込んでしまった落とし穴をここでしっかり確認しておくことが大切なのではないでしょうか。

　もちろん，戦後教育が目指した思考力やいま目指している主体性の善し悪しを問

題にしようとしているのではありません。かつての思考力重視教育がかえって思考力低下を招いた失敗の原因を突き止めて，その貴重な失敗の経験を活かして，主体性を重視した教育を成功に導きたいのです。

　1947（昭和22）年以来，戦後の教育を支えてきた学習指導要領は幾度かの改正を経てきました。このような経緯のなかで，能動的学習の方へ踏み出したいま，最も注目すべきは，教育思想の類似性からみて，経験主義にもとづいて問題解決型教育を展開した1951（昭和26）年版の学習指導要領とそれがもたらした結末ではないでしょうか。

　1951年版の学習指導要領は，1958（昭和33）年版学習指導要領にも記してあるように，占領下の特殊事情のもとで作成されたものとしてあまり芳しくない評価を受けることがあります。しかし，1951年版にはデューイの経験主義教育が具体化されており，日米を通じて，当時の経験主義教育思想の最高の結晶の一つとして高く評価されています（藤井，1995）。

　ところが，現実は，現場で起きた実態を評して「はいまわる経験主義」と揶揄され，目指したこととは逆に，思考力の低下を招いてしまったのです。現場での評価は，「非能率的で，同じレベルを低迷し，習得する知識の範囲は狭い」というものでした（池田，1981）。この現実が「はいまわる経験主義」という表現を生んだのです。これが，最高の結晶の一つとまでいわれるほどの高い評価を得た指導要領のもとで実施された教育の現場での実態だったのです。

　原因は，総じて，本質の究明不足と理論的根拠にもとづいた実践の不徹底にあったといわれています。たとえば，よい教材を読めば思考力がつくだろうといった楽観的な状況をあげることができます（瀬川，1995）。その背後には，経験主義の教育を実施すれば思考力は育つという短絡的な考え方があったのです。すなわち，学習活動と思考力との関係に関する実証的な検証なしに，経験主義に立脚した授業を展開すれば思考力が育つだろうという仮説だけを頼りに教育が実施されたのです。教育現場では，学習主体の思考はそっちのけにされてしまいました。教育現場でとられた実際の授業展開は次のようなものでした。すなわち，1950（昭和25）年の『小学校社会科指導法』に提示された問題解決過程の典型的段階に教育現場が強く影響されてしまい，学習活動のパターンに興味が集中してしまったのです。その結果，学習活動も表面的な調べものに終始してしまいました（藤井，1995）。思考力を高めるための手段として使われる授業展開が目的になってしまったのです。世の中にはありがちな本末転倒が原因だったのです。

今回の教育改革の背後にも同様の気配が透けてみえます。すなわち，能動的な授業を展開すれば主体性が育つという前提で改革が進められている気がしてならないのです。公表されている一連の文書をみても，能動的な授業と主体性との関係を実証的に追究した形跡が見当たらないのです。そのような研究はすでにあるはずだと思われますが，能動的教育が実施されているケースはあげられているものの，先行研究をサーベイした跡がみられないのです。

　能動的教育をすれば主体性が育つという常識的で理解しやすい見解に反して，本書で後ほど実証されるように，能動的な授業と主体性との間には常識を超えた関係があるのです。このまま改革を進めていけば，能動的授業と主体性との関係は，能動的な授業を展開すれば主体性は自然に強化されるという通念にもとづいた仮説——その仮説は，困ったことに常識のある人ほど納得してしまうものなのですが——のまま棚上げにされてしまい，授業の展開方法に世間の注目が集中するのは明白で，思考力向上を目指しながら逆の結果を招いてしまったかつての二の舞になることが懸念されるのです。

4　世間に広がっている主体性問題対処法の危うさ

　主体性問題に対する教育界の対処法に二の舞の危うい兆しがあるだけでなく，同じような気配が世間にも広がりつつあるように思われます。ここでは，日本の事例と米国の事例とを取り上げて，そこにある危うさをみてみましょう。

　一つは岩田（2012）のケースです。彼は，ある大学病院の勤務医で，医療に携わりながら医学生や研修医の教育にかかわっています。選りすぐりの優秀な人たちが集まっていると思い込んで信頼を寄せている私たちには信じられないことですが，指導医として後進の医学徒をみてきた彼は，医学生や研修医，それに一人前の医者になっても主体的でない人が多いと感じているのです。彼らは，上司や指導医に指示されたことはソツなくこなすのに，主体的に行動することが苦手なのです。もっと自分の頭を使って主体的に考えるよう指示しても，彼らは指導医の教えを忠実に守ることに懸命になるのです。それまで，岩田は，熱心に教えれば彼らは主体的に学び，育っていってくれると思い込んでいました。ところが，そうではないことに気づいた彼は，主体性や主体的であることを何とか教えることができないか，と考え始めたのです。

　彼は，自分のやってきた医学教育の経験を踏まえて，思考停止の状態から脱するこ

とが主体的になるための必要最低条件だと考えるようになります。思考停止の状態で主体性のなさのすべてを説明できないかもしれないけれども，思考停止の状態にあるときには主体性は存在していないと彼は考えるのです。そのように考えたうえで，彼は，主体的であるということを次のような能動的な活動としてとらえています。

> (1) 自分の力で問題を見つけ出し
> (2) その問題と取っ組み合い
> (3) その問題に関する自分自身の見解をもち
> (4) 自ら問題解決に迫る　　　　　　　　　　　　　　（岩田，2012）

　以上のような考え方にもとづいて，岩田は，チーム主体学習（TBL：Team Based Learning）に彼独自の工夫を凝らした教育に挑戦します。TBLでは，学生は責任の重いタスクと臨床判断を強いられるので，能動的に学習せざるを得なくなります。すなわち，TBLのもとでは，学生は主体的にならざるを得ないわけで，TBLのもつこのような効果に彼は期待を寄せたのです。ただし，かつて体験したTBLに杓子定規な「かたさ」を感じた彼は，場の雰囲気を高揚させる工夫を凝らしたTBLを開発して実施しました。

　受講した学生からは，従来型の授業もしてほしいという要望はあったものの，好評を博したようでした。しかし，岩田自身は自分の開発したTBLに十分に満足してはいない様子です。それは，自ら掲げた主体性を教えるという命題に対する回答について「微妙」と答えているところから推し量ることができます。

　そして，自ら開発した授業の成果の代わりに「なでしこジャパン」のケースを持ち出しています。教育の世界では結果が出るまでに時間がかかるが，スポーツの世界では成果が出るのが比較的早いからです。「なでしこジャパン」は佐々木監督の考え方にもとづいて主体性が具現化したチームだと岩田は考えるのです。佐々木監督は，選手たちに自分の頭で考えることを求めて，答えを与えなかったといわれています。答えは，ピッチの上で自らみつけなければ意味がないと佐々木監督は考えたからです。佐々木監督のこの考え方がなでしこジャパンの主体性を生んだと岩田は考えています。佐々木監督のこの考え方は，岩田が主体性を教える際にとった考え方と同じなのです。

　岩田のケースに続いて紹介するのは米国のケースです。それは，コナーズら（2009）の『主体的に動く―アカウンタビリティ・マネジメント』にみられる考え方

です。この書物は,『ニューヨーク・タイムズ』や『ウォール・ストリート・ジャーナル』のベストセラーになっており,そのことは,米国でも主体性が問題視されていることを示唆しています。もっとも,原著には主体性ないし主体的という用語はどこにも用いられていませんが,訳者が意をとらえて主体性という表現をしたものと思われます。訳書には,タイトルのみならず本文中にも主体性ないし主体的という言葉が随所にみられます。大胆な意訳ではありますが,日本の読者にとってはわかりやすい当を得た訳だと思われます。

　岩田があれこれと思いを巡らせて論を深めているのに対して,こちらの方は,『オズの魔法使い』の登場者を借りながら,まったく屈託なく,ストレートに展開しています。

　本書は,主体的になるためには次のようになりなさい,といっています。

（1）勇気をもって現実をみつめる：臆病なライオンのように
（2）当事者意識をもつためのハートを手に入れる：ブリキの木こりのように
（3）解決策を見出すための知恵を手に入れる：かかしのように
（4）すべてを行動に移す：ドロシーのように　　　　（コナーズ他, 2009）

　主体的なあり方についてのとらえ方は先ほどの岩田の場合とよく似ています。そのことは,両者のあげる4項目を時系列的にとらえてみればよくわかります。どちらも,主体的なあり方を問題発見から解決に至るまでのプロセスに沿ってとらえているのです。

　主体的なあり方だけではなく,主体的にさせる方法についても両者には共通しているところがあります。それは,主体的なあり方がわかれば,そうさせることによって人は主体的になれるという考え方です。たとえば,先ほどの岩田のTBLのように,主体的あり方のお手本のようにせざるを得ない状況に追い込めば,誰でも主体的になるというものです。このような考え方は常識的で,誰にも受け入れられやすく,したがって説得力をもっています。

　ところが,常識的で,誰にも受け入れられやすく,説得力をもっていることに危うさの落とし穴があるように思われます。たとえば,正しい方法で筋力トレーニング（以下,筋トレ）をすればムキムキの体になります。あるいは,塾に通えば学力が上がります。難関の国家試験に合格するために,専門学校でトレーニングをすれば,合格する可能性が高まります。このようなことは,誰も疑問に感じないような

常識になっています。

　しかし，次のような場合はどうでしょうか。泳げない人に，クロールの正しい泳ぎ方を教えて，泳がざるを得ない状況に追い込んだとしたら，すなわちプールに放り込んだとしたらどうなるでしょう。正しい泳ぎ方は，すでに泳げる人が泳ぎ方を洗練させて，スピードを上げたり，泳ぐ距離を延ばしたりするのには有効だと思われます。しかし，泳げない人にとっては，いかに正しい泳ぎ方を教わったとしても，あるいは泳がざるを得ない状況に追い込まれたとしても，恐怖以外の何物でもないでしょう。

　では，両者の間のどこに違いがあるのでしょうか。正しい筋トレの方法は誰にでも有効な方法になり得ます。ところが，正しい泳ぎ方は，すでに泳げる人にしか有効ではないのです。学力を上げたり難関の国家試験合格を目指したりして学習内容を記憶するとかムキムキの体を目指して筋トレをするという生理的なレベルの問題と主体性という心理的な問題とを同じレベルで考えてしまう危うさが感じられるのですが，両者の間には根源的な違いがあるのです。

　泳げない人を泳げるようにするためには，周知のように，水に対する恐怖心を克服することから始めます。そのために，顔を水につけても平気になるところから始めるのです。泳げない原因は，泳ぎ方を知らないことではなく，もっと根源的に水に対する恐怖心があるからです。

　すでに触れたように，思考力重視を標榜した戦後教育がかえって思考力低下を招いてしまったのは根幹的な問題をおろそかにして授業展開，すなわち現場でのハウツーに世の関心が向いてしまったことにあることはすでに触れたところです。このまま放置しておくと，主体性問題に関しても，教育界だけではなく，世の中にも，思考力重視を果たせず，かえって悪化させた戦後教育の二の舞を演じる危うさが潜んでいます。

　しかし，主体性問題に関しては，以降でみるように，問題の根源的なところまでをも見据えた専門的な研究は世間の目に触れにくいところでは進められています。主体性問題については，このような根源的な研究をしっかり踏まえて，思考力重視教育で飲まされた苦汁を再び飲むことのないようにしなければなりません。

【参考文献】
安西祐一郎（2017）.「能動的学びへ転換」『日本経済新聞』（2017年6月5日付朝刊16面）
池田久美子（1981）.「「はいまわる経験主義」の再評価―知識生長過程におけるアブダクションの論理」『教育哲学研究』*44*, 18-33.
岩田健太郎（2012）.『主体性は教えられるか』筑摩書房
経済産業省（2006）. 社会人基礎力に関する緊急調査〈http://www.meti.go.jp/policy/kisoryoku/2008chosa.pdf（最終アクセス：2017年4月22日）〉
高大接続システム改革会議（2016）.「高大接続システム改革会議「最終報告」」〈http://www.mext.go.jp/component/b_menu/shingi/toshin/_icsFiles/afieldfile/2016/06/02/1369232_01_02.pdf（最終アクセス日：2018年6月25日）〉
コナーズ, R.・スミス, T.・ヒックマン, C.／伊藤　守［監訳］／花塚　恵［訳］（2009）.『主体的に動く―アカウンタビリティ・マネジメント『オズの魔法使い』に学ぶ組織づくり』ディスカヴァー・トゥエンティワン（Connors, R., Smith, T., & Hickman, C. (2004). *The Oz principle: Getting results through individual and organizational accountability*. New York: Portfolio.）
社会人基礎力に関する研究会（2006）.「社会人基礎力に関する研究会―「中間取りまとめ」」〈http://www.meti.go.jp/policy/kisoryoku/chukanhon.pdf（最終アクセス日：2017年4月22日）〉
瀬川榮志（1995）.「本質の究明不足と理論的根拠に基づく実践の不徹底」『現代教育科学』*38*(10), 17-20.
中央教育審議会（2012）.「新たな未来を築くための大学教育の質的転換に向けて―生涯学び続け，主体的に考える力を育成する大学へ（答申）」〈http://www.mext.go.jp/component/b_menu/shingi/toushin/__icsFiles/afieldfile/2012/10/04/1325048_1.pdf（最終アクセス日：2017年4月22日）〉
中央教育審議会（2016）.「幼稚園，小学校，中学校，高等学校及び特別支援学校の学習指導要領等の改善及び必要な方策等について（答申）」〈http://www.mext.go.jp/b_menu/shingi/chukyo/chukyo0/toushin/__icsFiles/afieldfile/2017/01/10/1380902_0.pdf（最終アクセス日：2017年4月22日）〉
中央教育審議会大学分科会大学教育部会（2012）.「予測困難な時代において生涯学び続け，主体的に考える力を育成する大学へ（審議まとめ）」〈http://www.mext.go.jp/component/b_menu/shingi/toushin/__icsFiles/afieldfile/2012/04/02/1319185_1.pdf（最終アクセス日：2017年4月22日）〉
藤井千春（1995）.「26年版学習指導要領の問題点―経験主義教育思想の発展の阻害・学習活動の展開パターンの優先」『現代教育科学』*38*(10), 33-36.

02 主体的という言葉の意味

　主体性とか主体的とかいう言葉は私たちが日常よく使っています。言葉のなかには，日ごろは何気なく使っていて，十分通用していても，改めてその意味を考えてみるとなかなか厄介なものがよくあります。本書のテーマになっている主体性とか主体的という言葉もその類に入ります。

　本章では，主体性や主体的という言葉のもっている多様性をまず概観します。しかし，厳格に分析を進めるにあたってはそのような多様性がそのままの状態では足手まといになります。ところが，心理学の分野では，逆に，そのままでは足手まといになる多様性をうまく利用して研究が進められています。これについては本章第4節で，専門の研究者が分析を進めるにあたって，そのままでは足手まといな多様性をうまく利用して科学的に分析に取り込んでいく様子をみてみましょう。

1 言葉の意味は文脈が決める

　私たちは，同じ言葉は同じ意味をもっていると思いがちです。ところが，同じ言葉でも，それがもっている意味は文脈によって異なるのです。

　同じ言葉でも，まったく異なった意味をもつことがあります。たとえば，「住宅街にクマ出没」という新聞の見出しにあるクマと「クマのプーさん」というときのクマとでは同じクマでもまったく違った意味をもっています。一方は，住宅街にいては困る本物のクマです。もう一方は童話の世界のクマです。この場合，二つの文章のなかに，「住宅街」とか「プーさん」とかいった両者の違いを示す言葉がともなっているので，意味の違いがすぐにわかります。しかし，そうでないと，私たちは混乱を起こしてしまいます。

言葉の意味を考えるとき，私たちが頼りにする辞書に対する考え方もこのような観点から考え直さなければならないのです。辞書には決して言葉の真の意味が記されているのではありません。辞書の編集者は，気の遠くなるほどの多くの過去の文例を集めて，それらの文脈のなかでどんな意味だったかを忠実に記しているだけなのです。したがって，辞書は，私たちが言葉を選ぶときの案内役にすぎないのであり，私たちを束縛するものではないのです。言葉は，新しい状況に応じて，常に変化しているからです（ハヤカワ，1985）。

たとえば，「勉強」という言葉はそのよい一例です。今では，「勉強」といえば「学び」や「学習」などと同義語に使われています。しかし，このような用法は明治20年代から始まったものといわれており，それまでの辞書にはなかった用法なのです。それまでの意味は，「むりをすること」「もともと無理があること」だったのです。商取引で値引きをすることを「勉強する」といういい方がありますが，それが本来の意味なのです。それが「学び」という意味に転じたのには，「無理をして頑張って，親よりも高い社会的地位を得る」という当時の社会的背景があった（佐藤，1999）といわれています。

これから，「主体性」ないし「主体的」という言葉を多様な立場にある人たちがそれぞれの立場で使っている様子をみていきます。それに先立って，意味の案内役に「主体的」という言葉の意味を聞いてみましょう。「主体性」ないし「主体的」という言葉を多様な立場から使っている人たちも，案内役の案内に従いながら言葉を選んでいるはずだからです。日本で権威ある辞書の一つとして一般に認められている岩波書店の『広辞苑 第3版』を取り上げてみましょう。「主体的」について，そこには，次のように記されています。

> ①ある活動や思考などをなす時，その主体となって働きかけるさま。他のものによって導かれるのでなく，自己の純粋な立場において行うさま。
> ②主観的に同じ。　　　　　　　　　　　　　　　　　　　　　　（新村，1983）

ここで，②に，「主観的に同じ」とあるので「主観的」も調べておきましょう。

> ①主観による価値を第一に重んずるさま。主観にもとづくさま。
> ②俗に，自分ひとりの考えや感じ方にかたよる態度であること。（新村，1983）

以上の『広辞苑 第3版』の内容をみただけでも，主体的であることの多義性が容易に想像できます。すなわち，主体的であることと独り善がり呼ばわりされることとが表裏一体になっていることを言葉の案内役が見事に示唆しているからです。「主体的」という言葉には変人扱いされかねない偉人伝を彷彿させる意味合いが最初に含まれています。主体的でかつ社会に受け入れられるためには，自己中心的になってしまわない理性的な心が必要になりそうです。

2 「社会人基礎力」の意味する主体性

最近の若者が大学卒業後の就職先に定着しないことに危機感をもった経済産業省はその原因について考察を進めました。その結果，若者が大学を卒業するまでに身につける能力と職場が要求している能力との間に差があることを見出しました。そして，その差を形成している能力に「社会人基礎力」と名づけました。経済産業省のいう「主体性」はこのような文脈のなかで使われている言葉なのです。

「社会人基礎力」は，表1-1 ですでに紹介したように，三つの能力と12の能力要素からなっています。三つの能力のなかの一つに「前に踏み出す力（アクション）」があり，その一要素として「主体性」があげられています。したがって，「社会人基礎力」のいう「主体性」の意味は「前に踏み出す力（アクション）」の文脈のなかでとらえる必要があります。

「社会人基礎力」では，「前に踏み出す力（アクション）」に次のような注釈をつけています。「実社会の仕事において，答えは一つに決まっておらず，試行錯誤しながら，失敗を恐れず，自ら，一歩前に踏み出す行動が求められる。失敗しても，他者と協力しながら，粘り強く取り組むことが求められる」（社会人基礎力に関する研究会，2006）。そして，以上の注釈を踏まえて，「一歩前に踏み出し，失敗しても粘り強く取り組む力」という副題を「前に踏み出す力（アクション）」につけています。

「社会人基礎力」の「主体性」は以上の文脈のなかでとらえられており，次のように意味づけられています。すなわち，「社会人基礎力」のいう「主体性」とは「物事に進んで取り組む力」のことであり，「指示を待つのではなく，自らやるべきことを見つけて積極的に取り組む」力のことなのです。

3 中央教育審議会答申の意味する主体性

　中央教育審議会は予測困難な時代における大学の責務を考えるなかから次代を生き抜く基盤づくりのための道具として「主体的な学び」を導き出しました（中央教育審議会大学分科会大学教育部会, 2012）。中央教育審議会は, 予測困難な時代にあっては「生涯学び続け, どんな環境においても「答えのない問題」に最善解を導くことができる能力」（中央教育審議会大学分科会大学教育部会, 2012）が必要で, その能力を育成するには主体的な学修の体験を重ねることが大切だと考えたのです（中央教育審議会, 2012）。

　いまここで, 中央教育審議会が主体性ないし主体的という言葉を 26 頁にわたる答申（中央教育審議会, 2012）のなかでどれほど使用しているかをみてみましょう。

- 主体性：2 回
- 主体的：40 回

　両方合わせれば 42 回, 1 頁あたり平均約 1.6 回出てきます。このことからも, 答申がいかに主体性ないし主体的を重要視しているかがわかります。

　ところで, 答申が主体性ないし主体的という言葉を多用していることはわかりましたが, それらの意味について記した箇所はありません。本来は答申の文脈から読み取らなければならないのですが, 幸い, 当時の中央教育審議会副会長安西祐一郎氏の講演記事（渡辺, 2015）に主体性に関する彼の考え方が記されています。それによると, 主体性とは「自分の目標を自分で見出し, 実践する力」のことだといわれています。この表現を辞書風に直すと「自分の目標を自分で見出し, 実践するさま」ということになります。

　前節の「社会人基礎力」のいう「主体性」と中央教育審議会答申のいうそれとを比較してみましょう。どちらも『広辞苑』のいっている「①ある活動や思考などをなす時, その主体となって働きかけるさま。他のものによって導かれるのでなく, 自己の純粋な立場において行うさま」を表現しています。ところが, 両者には明らかな違いがあります。

　その違いは, 両者の想定している世界, すなわち文脈の違いに隠されています。「社会人基礎力」はビジネスの世界を前提にしています。ですから, グズグズしていたら具体的な指示が上司から飛ぶ世界です。それは,「指示を待つのではなく, 自

らやるべきことを見つけて積極的に取り組む」力という表現にあらわされています。それに対して中央教育審議会答申は教育の世界が前提にあります。その世界では，学び手の次の世界が職業の世界であるにもかかわらず，そのような具体的な世界ではなく，人生という漠たる世界を想定しています。それは，「次世代を生き抜く」という表現にあらわれています。こうした前提となる文脈の違いのために，主体性という言葉のなかに両者が見出す意味の質的な違いが隠されているのです。

　言い換えれば，両者の違いは想定している目的－手段連鎖の長さの違いにあるともいえそうです。人間のほとんどの行動は目標ないし目的をもっています。たとえば，教員の読者は，これから始めようとしているいま評判のアクティブ・ラーニングを成功に導くためにこの本を読んでいるかもしれません。それは，受講する学生を幸せにするためであると同時に自分の教育者としての成功を願っているからでしょう。教育者としての成功を願うのは自分の人生の成功につながるからでしょう。という具合に目的を上方に追いかけていくと，終わりの方は人生の目的という個人的で漠然とした価値の世界に入り込んでしまいます。

　ところで，人間が行動を決定する際の判断に関して，サイモン（1989）は次のようにいっています。すなわち，彼は，その判断を最終目的とのつながりでみた場合を価値判断，また，実行とのつながりでみた場合を事実判断といって，意思決定にかかわる価値と事実との関係を区別しています。サイモンのいう価値と事実との関係は主観と客観との関係に置き換えてもよいと思われます。ところが，問題は，サイモン自身がいっているように，価値的要素と事実的要素とが現実の問題として明確に二分されているわけではないのです。したがって，両者の関係は相対的にとらえる以外方法がなくなってしまいます。

　そこで，サイモンの考え方を使って，「社会人基礎力」のいう主体性と中央教育審議会答申のいうそれとの違いをみてみましょう。「社会人基礎力」の方は，その場の事実関係から判断できることで，ことさら最終目的までをも意識しなくてもすむ限定的な行動に関する主体性です。たとえば，状況からみて，その日のうちに出さないといけないことがわかっている郵便物は指示がなくても当日中に出すというようなケースです。一方，中央教育審議会答申の方は，人生にかかわる問題です。たとえば，自分の専攻を決めるときなどがそうです。専攻の選択群や選択の期限などは明確に定まっており，これらは事実関係を構成していますが，人生に関わるような問題はそれだけで決定を下すわけにはいきません。どうしても，自分の将来の方向がかかわってきます。安西のいう「自分の目標を自分で見出す」ことが必要になり，

価値関係に入り込むことになります。このように考えると,「社会人基礎力」の方は事実判断へのウェイトが高く,中央教育審議会答申の方は価値判断へのウェイトが大きいことがわかると思います。

4 心理学者が提唱する主体性の意味

人の主体性は心理の問題でもあります。そこで,心理学者が主体性をどうとらえているかをみてみましょう。彼らに共通しているのは,主体性をストレートにとらえようとはせずに複数の切り口を用いて表現しているところです。

❖ 4-1 マズローの人間主義心理学に関連づけてとらえられた主体性

臨床心理学者の大賀(1968)は主体的に学習したり,主体的に学級会の活動に参加したりする子どもたちの様子から主体的な態度を自分なりにとらえています。そして,検討を深めた結果,主体的であることとマズロー(マスローと書く人もあります)のいう心が健康であることとほとんど同じであると主張しています。

大賀(1968)は,主体的態度を次の三つの切り口でとらえています。

---

(1) 積極的,意欲的
積極的,意欲的であるということは個人がなすべきことに自分のエネルギーを動員することを意味しています。
(2) 自主的
自主的であるということは個人が自分のうちにもっている独自の個性的なものを十分に表現し,発揮することを意味しています。
(3) 価値追求的
価値追求的であるということは個人が文化を追求し,それをさらに発展させようとする建設的な態度をもっていることを意味しています。

ところで,マズローは,精神的に健康な人は臨床的に次のような特徴をもっているといっています(マズロー,1964;傍点筆者)。

---

(1) 現実のすぐれた認知
(2) たかめられた自己,他人,自然の受容

(3) た・か・め・ら・れ・た・自発性
(4) 問題中心性の増大
(5) 人間関係における独立分離の増大と，たかめられたプライバシーに対する欲求
(6) た・か・め・ら・れ・た・自主性と，文化没入に対する抵抗
(7) 非常に斬新な鑑賞眼と，豊かな情緒反応
(8) 非常に頻繁に生ずる至高体験
(9) 人類との一体感の増大
(10) 変化をとげた（臨床家は改善されたというであろう）対人関係
(11) 一段と民主化された性格構造
(12) 非常にた・か・め・ら・れ・た・創造性
(13) 価値体系における特定の変化

　マズローのあげる以上の臨床的特徴のなかで傍点を付してある部分に注目して，大賀（1968）は，精神的に健康な人は主体性の特質を備えているといっています。彼は，「マズローほど，主体性と精神の健康を密接に関係づけた者はいない」とまでいっているのです。そこで，マズローのいう心の健康な人とそうでない人がどのような人なのかを明らかにしておく必要があります。
　マズローは人間のもつ欲求を欠乏欲求と成長欲求とに分けて考察しています。欠乏欲求は求める欲求です。人間も生き続けるためには外から多くの資源を取り入れなければなりません（上田,1988）。マズロー（1964）は欲求を段階的にとらえています。求める欲求のうち，最も基本的なものは食べ物や飲み物など生命維持に関する欲求です。これは生理的欲求といわれています。これが満たされると，次に出てくるのが安全や安定を求める安全の欲求です。次は，所属する集団や家族における位置を求める所属と愛の欲求です。求める欲求のうちの最後は，他者からの承認を求める承認の欲求です。これらに対し，成長欲求は，欠乏欲求が十分に満たされた状態で，満ち足りたエネルギーを外に向けて放出しようとする欲求，すなわち与える欲求です（上田,1988）。マズロー（1964）はこの欲求を自己実現の欲求とも呼んでいます。求める欲求が十分に満たされない限り欲求は外に向かわないのです。
　マズローの研究家として著名な上田（1969）はマズローの説にもとづいて，精神的に健康な人間について次のように述べています。

(1) 精神的に健康な人間は求める欲求（欠乏欲求）が満たされています。健康な人間は求める欲求を感じないというわけではありません。もちろん，空腹という生理的欲求は誰でも感じるものです。ただ，健康な人間は日常十分に満ち足りているために，空腹が不安や脅威につながることはなく，与える欲求に支障をきたすことがないのです。彼らが求める欲求を放棄しているわけではありません。

(2) 精神的に健康な人間は最小限の求める欲求と最大限の与える欲求を持っています。
健康な人間は求めることよりも与えることの方が相対的に大きいのです。彼らの場合，外界から取り入れたエネルギーは，内面に葛藤を持っていないので，すべてが自己形成や創造的活動，愛情，関心などに向けられるのです。

(3) 精神的に健康な人間は，求める欲求と与える欲求との間の機能的関係が円滑です。
人間は外からエネルギーを吸収し，外に向かってエネルギーを放出しています。エネルギー吸収・放出の関係には個人差がありますが，相対的に健康度の高い人ほどエネルギー循環が円滑に行われます。

以上のようにみてみると，主体性がマズローのいう与える欲求にもとづいていることが理解できます。大賀（1968）のいう積極的・意欲的であることや，自主的であること，それに，価値追求的であることはすべて精神的な健康性に起因する与える欲求のなせる業であることがわかります。

❖ 4-2 エリクソンの心理社会的発達理論に関連づけてとらえられた主体性

臨床心理学者の渡辺（2002）は，子どもの主体性問題に対して発達促進的なかかわりをもつことを意図して，エリクソンをよりどころにして考察を進めました。その結果，主体性に関係する要素として，エリクソン（1977）がおよそ1歳から12歳までの間の発達課題としてあげている自律性，自主性，勤勉性の三つを取り上げました。

これらの三つは，具体的には，次のようになっています（渡辺, 2002）。

(1) 自律性　対　恥・疑惑：幼児前期（およそ1歳から3歳まで）
この時期になると，幼児は排泄をコントロールできるようになります。この時

期の排泄のしつけに対する養育者のかかわり方によって自律性が育まれたり，逆に，恥や周囲がうまくいかないようにさせているのではないかという疑惑の感覚が強められたりするのです。したがって，この段階にあっては，養育者は，幼児が本心から安心するような接し方をする必要があります。
(2) 自主性　対　罪悪感：幼児後期（およそ3歳から6歳まで）
自主性（自発性といわれることもある）は自律性を基礎にして発達します。そして，それには，仕事を引き受け，計画し，果敢に取り組むという特質があります。そこで，このような特質を持っている幼児が新たに得た運動能力や知力を使って心行くまで楽しもうと思っていることや実行したことを過度に抑制したり，道徳的になりすぎたりすると自分の意志や目的にもとづいた行動に強いブレーキがかかり，思うように振舞えなくなったり，自己懲罰的な態度が他者に向かったり，反社会的な逸脱行動が目立つようになるといわれています。この時期の幼児の関心や行動に過度に抑制的にならないよう心掛けることが重要です。
(3) 勤勉性　対　劣等感：児童期（およそ7歳から12歳まで）
勤勉性（生産性といわれることもある）は自主性を基礎にして発達します。この段階では，物を生産することや仕事を完成することによって周囲に認められる喜びに昇華させることが大切になります。これが，将来，働く人になり，供給者になるための準備になり，生きる世界が社会へとつながっていくのです。しかし，仕事の面をあまり強調しすぎると命令された義務に依存しすぎて自然な感情を発揮できなくなるので注意する必要があります。

以上のように，渡辺（2002）はエリクソンの考え方にもとづいて主体性を整理しています。主体性は，自律性，自主性，勤勉性という順に前者に依存した質の異なる三層からなっており，一挙に攻め落とせるものではなさそうなことがわかります。渡辺（2002）は三つの層に対して，子どもたちの状態を見極めたうえで，それぞれに応じた発達支援的なかかわりを提唱しています。

❖ 4-3　主体性の程度を科学的に測定・分析するために究明された主体性

教育心理学や臨床心理学を専攻しており，主体性を専門的に追究している浅海（1999）は抽象的な概念である主体性を科学的に測定・分析するために，主体性の心理テストを開発しました。ここでは，聞きたいことを単刀直入に質問する単なるア

ンケートとはまったく次元の異なる心理テスト（西内, 2013）の開発の様子と浅海が開発した心理テストとを紹介しましょう。心理学者が，人々のもつ多様性を活用しながら，多様性の背後にある目に見えない抽象的な問題に科学的にアプローチしていく様子がうかがえます。

浅海（1999）は目に見えない抽象的な概念である主体性を科学的に測定するための心理テスト用の質問を準備するうえで，まず本人なりの主体性に関する定義を定めたのち，5段階のステップを踏んでいます。原文の趣旨を損なわないように注意しつつ，専門的な表現をできるだけ避けるために，修正を加えながら段階を追ったものを以下に示しておきます。

●主体性の定義
他のもの（周囲の人の言動，自分のなかの義務感（こうしなければいけないといった考え））にとらわれず，行為の主体である我として，自己の純粋な自由な立場において，自分で選択した方向へ動き，自己の立場において選択し，考え，感じ，経験すること。また，そういった，心の構えがある状態。

●第1段階：主体性概念を記述するための用語の抽出
主体性とか主体的という言葉は日常よく使われる用語です。しかし，実践的には学校教育を中心にした教育上の意味合いで用いられることが多いので，学校関係者に次の自由連想方式のアンケートを行いました。その結果，教師たちからは主体性に関する128項目の表現が提出されました。児童・生徒たちからは役立つ表現が得られませんでした。
- 学校教師（小学校：7名　中学校：4名　高等学校：2名）
- 児童，生徒（小，中，高校生20名）
- ●質問項目
  - 教師用：
    主体性がある，主体的だという言葉からイメージする子供の印象を自由に思いつくまま記述して下さい。
  - 児童・生徒用：
    主体性について：学校で，自分が生き生きしていると感じるときや，ありのままの自分が出せていると感じるとき，また，何かやっているという充実感があるときはどんな感じがしましたか。また，そのようなことを感じるときはどんなときですか？

●第2段階：質問紙用の項目の選定および内容としての妥当性検討
第1段階で得られた項目のうちから浅海（1999）の考える主体性に当てはまるものを選び出す作業です。その間，2度にわたり，初回は3名，2度目は11名にも及ぶ専門家に判定を依頼しており，最終的に50項目を暫定的な項目として選定しました。

●第3段階：暫定的な項目による調査
小学生（5・6年生）および中学生合計120名に対して調査を実施しました。その際，担任の教師にも同じ質問紙を用いて評定してもらっています。

● 第4段階：調査結果の統計的分析

50項目ある質問項目間に潜む共通の要因を探り出す統計的手法（因子分析）を用いて五つの要因を取り出しました。この五つが主体性という抽象的な概念に対してアプローチする際の切り口になるわけで，具体的には次のようになっています。

①積極的な行動
②自己決定力
③自己を方向づけるもの
④自己表現
⑤好奇心

● 第5段階：質問項目の絞り込み

全部で50項目あった質問項目の絞り込みを行いました。先ほどの五つの切り口ごとに，統計的に重要度の高いものから4項目を選びました。その結果，全体で50あった項目が20に整理されました。最後に，できあがった質問の信頼性をみるために統計的にチェックしたり，妥当性を調べるために，教師たちの評定と生徒たちのテスト結果との関係や他の心理テストの結果との関係をチェックしたりしています。このようにして仕上がった質問表は巻末付録①に紹介してあります。

【参考文献】

浅海健一郎（1999）．「子どもの「主体性尺度」作成の試み」『人間性心理学研究』17(2)，154-163．
上田吉一（1969）．『精神的に健康な人間』川島書店
上田吉一（1988）．『人間の完成―マスロー心理学研究』誠信書房
エリクソン，E. H.／仁科弥生［訳］（1977）．『幼児期と社会Ⅰ・Ⅱ』みすず書房（Erikson, E. H. (1950). *Childhood and society*. New York: W. W. Norton.）
大賀一夫（1968）．『主体性の心理と教育』明治図書出版
サイモン，H. A.／松田武彦・高柳 暁・二村敏子［訳］（1989）．『経営行動―経営組織における意思決定プロセスの研究』ダイヤモンド社（Simon, H. A. (1945). *Administrative behavior: A study of decision-making processes in administrative organization* (3rd edition). New York: The Free Press.）
佐藤 学（1999）．『学びの快楽―ダイアローグへ』世織書房
社会人基礎力に関する研究会（2006）．「社会人基礎力に関する研究会―「中間取りまとめ」」〈http://www.meti.go.jp/policy/kisoryoku/chukanhon.pdf（最終アクセス日：2017年4月22日）〉
新村 出［編］（1983）．『広辞苑 第3版』岩波書店
中央教育審議会（2012）．「新たな未来を築くための大学教育の質的転換に向けて―生涯学び続け，主体的に考える力を育成する大学へ（答申）」〈http://www.mext.go.jp/component/b_menu/shingi/toushin/__icsFiles/afieldfile/2012/10/04/1325048_1.pdf（最終アクセス日：2017年4月22日）〉

中央教育審議会大学分科会大学教育部会（2012）．「予測困難な時代において生涯学び続け，主体的に考える力を育成する大学へ（審議まとめ）」〈http://www.mext.go.jp/component/b_menu/shingi/toushin/__icsFiles/afieldfile/2012/04/02/1319185_1.pdf（最終アクセス日：2017年4月22日）〉

西内　啓（2013）．『統計学が最強の学問である―データ社会を生き抜くための武器と教養』ダイヤモンド社

ハヤカワ，S. I. ／大久保忠利［訳］（1985）．『思考と行動における言語』岩波書店

マズロー，A. H. ／上田吉一［訳］（1964）．『完全なる人間―魂のめざすもの』誠信書房（Maslow, A. H. (1962). *Toward a psychology of being*. Princeton, NJ: Van Nostrand.）

マズロー，A. H. ／小口忠彦［訳］（1987）．『人間性の心理学―モチベーションとパーソナリティ改訂新版』産業能率大学出版部（Maslow, A. H. (1954). *Motivation and personality* (2nd Edition). New York: Harper & Row.）

渡辺敦司（2015）．「特集 重要なのは「主体性」の育成―安西祐一郎氏が講演―教育EXPO（上）」『内外教育』*6426*, 4-5.

渡辺　亘（2002）．「子どもに求められる「主体性」とは何か―臨床心理学の観点から」『教育実践総合センター紀要』*20*, 49-62.

03 アクティブ・ラーニングは主体性育成に有効か

　主体性問題が話題にのぼるのととききを同じくしてアクティブ・ラーニングが救世主のように登場してきました。主体的な学修体験を重ねることによって生涯学び続ける力，すなわち主体性が修得できると考えられているからです（中央教育審議会, 2012）。主体的な学修体験はアクティブ・ラーニング（能動的学修）によってもたらされると中央教育審議会（答申）は考えているのです。はたして実態はどうでしょうか。

1 全国大学生実態調査にみるアクティブ・ラーニングの効果

　ベネッセコーポレーション（2016）が全国の大学生を対象にした5,000人規模の実態調査があります。調査報告書によると，アクティブ・ラーニングの成果は芳しくありません。

　調査の概要は次のようなものでかなり大規模なものです。この調査は，大学生の学習・生活に関する意識・実態をとらえることを目的にしてインターネット調査で実施されました。しかも，同じ目的のもとで2008年に第1回目の調査を実施しており，引き続き2012年に第2回が実施され，今回の第3回調査と比較することにより8年間の変化をみることができます。

　調査対象になっているのは18-24歳の大学1-4年生（日本在住）4,948名で，その内訳は表3-1のようになっています。なお，今回の調査は2016年11月18日〜12月20日に行われました。

　また，参考のために，第1・2回調査の概要を記しておきます（表3-2）。

表 3-1　回答数の内訳
(出典：ベネッセコーポレーション, 2016)

	1年生	2年生	3年生	4年生	計
男子	670	670	670	670	2,680
女子	567	567	567	567	2,268
計	1,237	1,237	1,237	1,237	4,948

表 3-2　全国大学生実態調査の概要

●第1回
・調査時期：2008年10月上旬
・対　　象：大学1-4年生4,070名（男子2,439名，女子1,631名）
・調査方法：インターネット調査

●第2回
・調査時期：2012年11月上旬
・対　　象：大学1-4年生4,911名（男子2,791名，女子2,120名）
・調査方法：インターネット調査

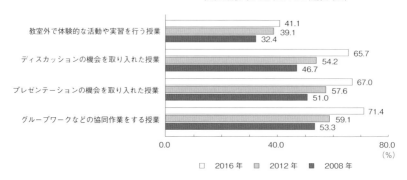

図 3-1　アクティブ・ラーニングの要素の増加
(出典：ベネッセコーポレーション（2016）より抽出)

　調査にもとづいて，アクティブ・ラーニングの効果をみてみましょう。アクティブ・ラーニングの要素をもっている授業の受講経験は，2008年から2016年の8年間で調査年ごとに明らかに増加しています（図3-1）。それは，アクティブ・ラーニングには欠かせない「協同作業」「プレゼンテーション」「ディスカッション」「体験

03 アクティブ・ラーニングは主体性育成に有効か　27

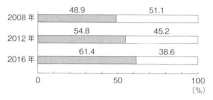

(a) 単位取得に関する選好

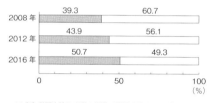

(b) 学習方法に関する選好

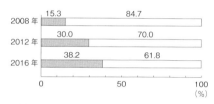

(c) 学生生活に関する選好

図 3-2　単位取得，学習方法，学生生活に関する選好
（出典：ベネッセコーポレーション（2016）より抽出）

的活動や実習」などを取り入れた授業経験が「よくあった」と答えた学生と「ある程度あった」と答えた学生との合計は調査年ごとに増加していることから推察されます。協同作業をする授業を経験した学生は2016年には70%を超えています。

ところが，アクティブ・ラーニングの経験が増えたにもかかわらず，仕かけた大学側の思惑に反して，学生の受け身な姿勢が強まっているのです。図 3-2 は，「大学教育について，あなたは次にあげる（A），（B）のどちらの考え方に近いですか。近いものをお選びください」という問いに対する回答をまとめたものです。単位取得に関して安易な方を選択した学生は増加し続けて，8年間で12.5ポイントも増えています（図 3-2 (a)）。また，学習方法に関しては，教員の指導を選んだ学生が8年間で11.4ポイント増えています（図 3-2 (b)）。さらに，学生生活に関して教員に依存する方を選択した学生が8年間で22.9ポイントも増加しているのです（図 3-2 (c)）。受け身の姿勢が軒並み増加しており，アクティブ・ラーニングの経験がプラ

スの方に働いたとはとても思えない調査結果です。

この調査結果に，調査の担当者からの次のようなコメントが出ています。「学生の気質には社会や経済などいろいろな要素が影響する。（授業改革で）変えるのには時間がかかる」[1]。教育の成果には多様な要素が影響しており，拙速に判断を下すのは考えもので，そのような意味でこのコメントは当を得たものだと思われます。しかし，4年制大学での8年といえば，その間に学生は2回転しているのです。「何かある」と疑問を呈する必要があるようにも思われます。本調査の結果を解釈するにあたっては，「何かある」という問題意識をもった視座の転換が必要ではないでしょうか。まさに，主体性問題についての視座の転換が本書のテーマですが，本書を第5章まで読み進んでいただければその意味がご理解いただけるものと思います。

2 アクティブ・ラーニングによる主体性の伸長が報告されているケース

全国レベルでみた場合には，アクティブ・ラーニングが学生の主体性にプラスの効果をもたらしているとはいい難い状況でした。ところが，個々のケースをみれば，限定つきではありますが，アクティブ・ラーニングが学生の主体性を高めているという報告もあります。

アクティブ・ラーニングの典型的なスタイルの一つであるインターンシップの成果についての報告があります（真鍋，2010）。この報告は，第1章で紹介した社会人基礎力の伸長について質問形式を用いて量的に測定して分析を試みたものです。質問は，一つの社会人基礎力について2問設定されました。各質問には，行動レベルを示す行動例が9段階（否定的行動レベル～卓越行動レベル）で示され，インターンシップの事前・事後に自己採点してもらっています。この評価のやり方に関して，報告者は自ら次のような疑問を呈しています。すなわち，この評価はあくまで被検者の実感値であって，社会人基礎力が本当に伸長したかどうかまでを厳密に測定しているわけではないことを断っています。

分析は，インターンシップのタイプ別に2分してなされました。一つは日常業務型で，従業員とほとんど同じ日常業務をインターン生に体験させるものです。もう一つは，課題設定型で，インターン生に課題として与えた仕事に特化して作業させるものです。日常業務型には52名の学生が，そして課題設定型には22名の学生が

---

1)「大学生，進む「受け身」志向」『日本経済新聞』（2017年8月10日付朝刊38面）。

参加しています。

　調査結果を分析してみると，インターンシップの型に関係なく，主体性の伸びが確認されました。しかも，その伸び具合は統計的にみても意味のあるものでした。社員からの指示を待つだけではなく，自ら行動する必要に迫られたことが伸長理由にあげられています。いずれの型にしても，インターンシップを経験することによって，社会人基礎力でいわれている主体性が伸長したことが自己認識される結果になっています。

3 主体性伸長にアクティブ・ラーニングが無力であったケース

　先ほどのように，アクティブ・ラーニングが主体性伸長に貢献しているという報告がある一方，逆の報告もあります。先ほどのケースは，報告者自身も吐露しているように，被検者の実感に頼ったところにも問題がありそうです。しかし，それよりももっと致命的なところに原因がありそうです。それは，主体性という目に見えない抽象的なものを二つの質問で直接とらえようとしたところです。ところが，心理学者は，そのようなとき，すでにみたように，想定される限りの多面的な質問を浴びせます。これから紹介する報告は，このような心理学的アプローチをとったものです。

　この報告は，アクティブ・ラーニングの一つのタイプである発見学習を用いて主体性の伸長を図ろうとした試みに関するものです（井上・林, 2003）。小学5・6年生20名を対象にして90分授業を10回実施した結果報告です。主体性の測定には，第2章で紹介した浅海（1999）が開発したテストを参考にして小学生用に簡略化したものが用いられました。

　井上・林（2003）は，調査対象になる子どもたちの主体性の状態を事前に測定したうえで，主体性育成に資するための授業設計を行いました。そのポイントは次の2点です。

> （1）個々の興味・関心を刺激する課題設定
> 興味・関心を刺激する課題によって児童の目的意識や学習意欲が向上し，そのことが積極的な行動につながります。
> （2）自己表現の場を多く設定
> 自己表現を学習することは他者との相互理解を深め，周囲に流されない確固とした自己の確立を促します。

結果は，報告者の期待を裏切るものでした。まず，報告者は，主体性は，授業が進むにつれて次第に向上することを期待していました。しかし，毎時間10回にわたって子どもたちに自己評価をさせた結果はそうではありませんでした。その理由を報告者は次のように考えています。すなわち，主体性は学習の積み重ねによって伸びる類のものではなく，学び手のそのときの心身の状態や学習内容，学習教材，教師の働きかけ，学習環境，他者との人間関係などに影響されやすいうえに，評価もそのたびに揺れ動くためだとしています。報告者のあげた理由の真偽のほどは別にして，主体性は段階的に発達する（田畑, 2016），という文献調査の報告を支持する結果になっています。

また，子どもたちの自己評価平均値と担任教員による他者評価平均値との事前・事後比較の結果も期待通りにはなりませんでした。図3-3に子どもたちの自己評価平均値と担任教員による他者評価平均値との事前・事後がグラフ化して示されています。縦軸の数値は主体性テストの得点をあらわしています。得点は6段階評価（1. まったく当てはまらない〜6. とてもよく当てはまる）によっており，各項目3問の質問が用意されています。教育の対象にされた子どもは20名ですが，うち1

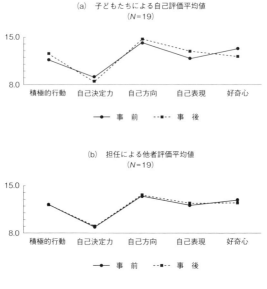

図3-3　主体性評価平均値の事前・事後比較
（出典：井上・林（2003）のデータより作成）

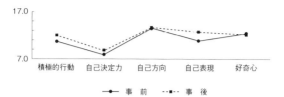
(a) 子どもたちによる自己評価
5年生平均値 (N=10)

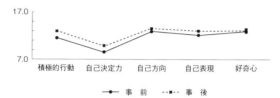
(b) 担任による他者評価
5年生平均値 (N=10)

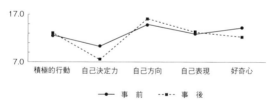
(c) 子どもたちによる自己評価
6年生平均値 (N=9)

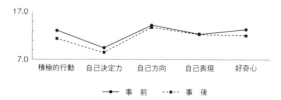
(d) 担任による他者評価
6年生平均値 (N=9)

図 3-4　主体性評価平均値の学年別事前・事後比較
（出典：井上・林（2003）のデータより作成）

名は事後テストを受けていませんので，分析対象になったのは 19 名です。グラフをみると，5 項目ともに事前・事後の値に差があります。しかし，統計的に検定してみると，これらの差には統計的な意味がありません。このことは，子どもたちによる自己評価にも，担任による他者評価にも同じようにいうことができます。つまり，たんなる誤差である可能性があるわけです。統計的にみれば，事前・事後の平均値に意味のある差はなかったということになりますが，井上・林 (2003) は自己決定力の落ち込みに注目しています。

そのためには，5 年生と 6 年生とに分けて事前・事後比較をしてみる必要があります。5・6 年生を合算してみたときには，自己決定力の落ち込みは子どもたちによる自己評価の方にしかみられませんでした（図 3-3 (a)）。ところが，学年別に分けてみると，6 年生の方には，子どもたちによる自己評価（図 3-4 (c)）と担任による他者評価（図 3-4 (d)）との両方に落ち込みがみられます。5・6 年生合算の子どもたちによる自己評価（図 3-3 (a)）にみられた自己決定力の落ち込みは 6 年生の落ち込みが原因になっていたのでした。

井上・林 (2003) は，自己評価と他者評価との両方が落ち込んでいるのに注目したのです。そして，「周囲の大方の意見や自己の義務感に囚われない」子どもに成長していくことを目指したこの教育実験の中核目標が達成できていないことを重要視しているのです。

【参考文献】
浅海健一郎 (1999).「子どもの「主体性尺度」作成の試み」『人間性心理学研究』17(2), 154-163.
井上史子・林　徳治 (2003).「メディアを活用した児童・生徒の主体的学習態度の変容を図る授業の実証研究」『教育情報研究』19(3), 3-14.
田畑久江 (2016).「「子どもの主体性」の概念分析」『日本小児看護学会誌』25(3), 47-54.
中央教育審議会 (2012).「新たな未来を築くための大学教育の質的転換に向けて―生涯学び続け，主体的に考える力を育成する大学へ（答申）」〈http://www.mext.go.jp/component/b_menu/shingi/toushin/__icsFiles/afieldfile/2012/10/04/1325048_1.pdf（最終アクセス日：2017 年 4 月 22 日）〉
ベネッセコーポレーション (2016).「第 3 回大学生の学習・生活実態調査報告書　ダイジェスト版 (2016 年)」〈http://berd.benesse.jp/koutou/research/detail1.php?id=5169（最終アクセス日：2017 年 8 月 10 日）〉
真鍋和博 (2010).「インターンシップタイプによる基礎力向上効果と就職活動への影響」『日本インターンシップ学会年報』13, 9-17.

04 どのようなときに主体性が発揮されるのか

　第3章でみたように、救世主のように思われているアクティブ・ラーニングはどうも思われているようなものではなさそうです。しかし、アクティブ・ラーニングも学び手を全体としてみれば効果がなさそうですが、参加している個々のメンバーに焦点を合わせてみれば、学び手の胸中に閉じ込められた主体性が出てくるヒントをみつけることができそうです。本章ではそのヒントを探ってみましょう。

1 友達に認められたことがきっかけに

　第3章で紹介した井上・林（2003）の実証研究授業に参加した児童のなかに、主体性の自己評価が伸長しており、それだけでなく担任の教員からみても主体性が伸びたという男子児童がいました。担任の教員によれば、主体性だけでなく、学習面、人間関係面においても、学習途中から変化がみられたというのです。

　その児童の自己評価は授業が進むにつれて右肩上がりに上昇しています。また、自由記述でも、「人の目を見るようになった。わかりやすく話ができるようになった」というのがあります。その児童は、自分の主体性が出てきているのを自分で認識しているのです。

　また、担任教員による彼に対する主体性評価も上昇しています。さらに、担当教員の行動観察記録には次のようなものがみられました。「話すことがかなり苦手だった彼は、後期の運営委員（児童会）に立候補して、驚くほどの笑顔で、代表のあいさつなどもこなしている。引っ込み思案なイメージが変わり、今は友達関係も良好である」。しかも、国語科の「話す・聞く」「書く・読む」の成績が向上しました。

　そこで、この児童の変化のきっかけを探るべく、児童に記してもらっている自己

評価カードを繰ってみると,次のような記録がみつかりました。「ちょっと失敗したけど,みんな拍手とかしてくれたからうれしかったです」。本人も書いているように,失敗があったせいか,自己表現に関するそのときの自己評価は「ややできなかった」でありました。しかし,たとえ失敗があったとしても拍手によってクラスメートに認められ,口下手で,今まで充たされなかった思いが果たせたのです。そのことが自信につながったものと思われます。

　物事を全体的にみて統計的に大づかみにすることは便利な方法で,客観性を保証するためには必要なことです。しかし,それだけに頼ってしまうと,大切な情報が全体のなかに埋没してしまう危険性を孕んでいます。この事例がよい教訓です。

2 主体性に伸長がみられる子どもはどこかで何らかのかたちで自信をつけている

　第2章で紹介した教育心理学や臨床心理学を専攻していて,主体性を専門的に追究している浅海(2009)は,自ら開発した主体性テストを用いて,子どもの主体性と適応感との関係を時系列的に調査しています。その調査過程で,主体性に伸長がみられる子どもはどこかで何らかのかたちで自信をつけていることを発見します。ここでは,そのような子どもがどこで,どのような自信をつけているのかをみてみましょう。

　調査の概要は次の通りです。調査対象は小学校5年生から中学校1年生までの児童・生徒9名(男子3名,女子6名)です。これらの児童・生徒に対して1年間にわたる面接も含めた調査をしています。

　以上の調査のなかから,主体性の向上したケース2件をみてみましょう。まず,1件目は,1年にわたる調査期間中に,小学校4年生から5年生になった男子児童のケースです。浅海(2009)は面接時のインタビューから得た情報から,彼の主体性伸長に影響したと思われる情報を三つあげています。

(1) 新しい学年になってから,友人が増えて自信ができた。
(2) 5年生になってから試合(空手)の数が増えて,色々な地域の友達ができた。
(3) 勉強に熱心に取り組み先生にほめられる。

そして，浅海はこれらの友人関係の変化，先生との関係の変化が児童の自信につながり，主体性を高めることになったと推察しています。

2件目は，調査期間中に小学校から中学校にあがった女子生徒のケースです。彼女に関しては次の三つの出来事を面接でのインタビューから抽出しています（浅海, 2009）。

> (1) 春休みに，海外でホームステイをすることによって，自分で考えられるようになった。
> (2) 自分のことで変化を感じる。
> (3) 小学校の時は，一緒にしゃべる友達がいないと，寂しかったけれど，中学校からはそうでもなくなった。

これらのなかで，浅海はホームステイの経験に注目しています。すなわち，ホームステイを経験することによって「自分で考える」ようになったこと，そして，「自分のことで変化を感じている」からです。「自分で考える」ということは主体性にとっても非常に大きな出来事なのです。また，思春期には友達と一緒に行動する傾向があるものですが，一人でいても平気になったということは他者への依存心が減り，主体性のあらわれのように思われるからです。

面接調査は，日常の出来事に関して行われ，学校，友達，家庭を中心にインタビューされたものです。全体を通してみてみると，主体性に影響しているのは学校，友人関係が大きいという印象を受けます。そして学校の先生からの影響も大きいように思われます。

3 主体性は他者とのかかわりの過程で回復するもの

以上のように，主体性が発揮されるきっかけの様子をみてみると，主体性に対して私たちがもっているイメージを変えなければならないように思われてきます。これまでは，スキナー箱――ハトやネズミなどの行動を研究するために行動主義心理学者スキナーが開発した学習実験装置――に入れて訓練すればハトも餌をとるようになるのと同じように，主体性が発揮できない人をアクティブ・ラーニングという箱に入れてトレーニングをすれば主体的になれると思っていたのではないでしょうか。しかし，以上のような専門家による主体性に関する報告をみていると，どうもそうではなさそうです。

そうであれば，主体性に関する私たちの発想を変える必要があります。しかも，それはコペルニクス的発想転換ともいうべき転換です。そもそも，主体性がある／ない，などという発想そのものに問題がありそうです。なぜなら，主体性は，本来，個々人が存在している時点で必然的に伴っているものであり（浅海，2009），主体性のない人などそもそも存在していないのです。ただ，過度のストレスのような何らかの阻害要因によって，本来備わっている主体性が発揮できないでいるのです。したがって，阻害要因を取り除くことで，本来備わっている主体性は回復できるものと考えられます。

　このように発想を転換すると，第3章で紹介したベネッセコーポレーション（2016）の調査結果にも納得することができます。すなわち，主体性を向上させると思っているアクティブ・ラーニングが教育手法として広がっているにもかかわらず，学生の受け身な姿勢が強まっているという，一見矛盾した調査結果です。これも，アクティブ・ラーニングというスキナー箱に入れられてトレーニングを強いられているうちに主体性を阻む要因が逆に増大して，本来備わっている主体性がいっそう抑制されてしまったと解釈すれば一見矛盾した調査結果も，当然のこととなります。

　前節で取り上げた主体性が向上したケースは，すべて，周囲から受け入れられたり，自信がついたり，自分で考えるようになったりと，何らかのきっかけで阻害要因が取り除かれたことが原因になっています。これらのことは，先の事例が示すように，すべて，他者とのかかわりのなかで起きています。いったん主体性が回復して復活すれば，適切なトレーニングによって経験を積むことで多様なスキルを身につけ，磨きをかけることができるようになるのではないかと思われます。

【参考文献】

浅海健一郎（2009）.「子どもの主体性と適応感の関係に関する縦断的研究」『九州大学心理学研究』10, 217-223.

井上史子・林　徳治（2003）.「メディアを活用した児童・生徒の主体的学習態度の変容を図る授業の実証研究」『教育情報研究』19(3), 3-14.

ベネッセコーポレーション（2016）.「第3回 大学生の学習・生活実態調査報告書 ダイジェスト版（2016年）」〈http://berd.bemesse.jp/koutou/research/detail1.php?id=5169 （最終アクセス日：2017年8月10日）〉

05 主体性問題をみるときの二つの視点

　主体性の問題に適切に対応するには発想を変える必要がありそうです。しかし，人間にとって，発想を変えるということは，至難の業です。なぜなら，物心ついたときから教え込まれてきたことをいきなり変えろというのですから，たいへんな覚悟がいります。生まれてから今の今まで，カラスは黒いと思っていたのに，これからは，カラスは白いと思いなさいといわれるのと同じくらい大変なことなのです。主体性の問題に取り組むにあたっては，こうしたコペルニクス的転回が必要なのです。少したとえ話をしてみましょう。

1 最強の科学者と評されている W 博士の話

　ある国にある王様がいました。その王様は猜疑心が強く，地方にいる代官が税金で不正に私腹を肥やしているのではないかといつも心配していました。不正を防止し，自分の気持ちを安らげるために，定期的に税金の計算書を代官たちに送らせていました。

　あるとき，王様は，科学が進んでいる隣国で FAX という便利な機械が発明されたことを知り，早速それを輸入しました。税に関する計算書を FAX で迅速に手に入れようと思ったからです。

　王様が，試しに，500km 離れたところにいる代官に計算書を送らせました。計算書は，あっという間に手元に届きましたが，あまり精度がよくなく，ヨレていて，ビッシリ詰まった細かい数字がよく読めません。

　そこで，王様は，その国の最強の科学者として評判の高い W 博士を呼びました。博士は寸法や形状を精密に測定できるゲージを持って，お城に駆けつけました。彼

は最強の科学者です．王様の仕事に失敗でもしたら大変なので，最高密度のゲージを用意したのです．

博士は，自分の目で様子を確かめるために，目の前で，500km 離れたところにいる代官宛てに FAX を送ってもらいました．

機械にちょっと差し込まれた用紙が「ブーッ，ブッブーッ」という音とともに器械のなかに入り込んでいきました．すると，いったん，機械のなかに入り込んだ用紙が，間もなく，差し込んだ所とは違う場所から出てきました．

「ムムッ，早や！　もう戻ってきたか」．博士は思わず心のなかで驚嘆のうめき声をあげてしまいました．なにしろ，先方は 500km も離れているのです．

しかし，彼は最強の科学者です．驚きの動揺をあらわにして，みっともない姿を見せるわけにはいきません．

冷静さを装って，科学者の目を取り戻し，出てきた用紙を冷静に観察しました．科学者の目は見逃しませんでした．用紙に少しシワが寄っていたのです．そこで，ここぞとばかりに用紙の厚さや幅，長さを何度も何度も自慢のゲージで慎重に測りました．

それが終わると，今度は，機械の周りを観察し始めました．すると，後ろから 2 本のコードが出ているのに気づきました．そして，そのうちの 1 本は電源コードであることがすぐにわかりました．他の細い方の 1 本を取り上げた博士は，「これか」と，コードの意外な細さを訝りながらつぶやきました．

そして，先ほどのゲージを手にしてコードの太さを何度も何度も測定しました．そのうえ，先ほどの用紙を取り上げて，できるだけ細く丸めようと，何度も試していました．そして，丸まって筒状になった用紙の直径を自慢のゲージで何度も測りました．そのあげく，広げた用紙がしわくちゃになっているのを博士は見逃しませんでした．

しばらく考え込んでいた博士が，「王様，わかりました．改善すべきは 2 点です」と，胸を張って言いました．博士の鼻の穴は得意げに一杯に開いていました．

「一つは，小さく丸めてもしわにならない上質の用紙を使ってください」「もう一つは，このコードが細すぎます．このコードを直径 30mm のものと取り換えて下さい」．

2 「主体性が発揮できていない」から「主体性がない」と思うのはとんだ間違い

　さすがに，FAXについて，前節のような変な話が起きることは考えられないでしょう．外からは見えないにしても，FAXの内部の仕組みをほとんどの人は知っているからです．しかし，外から見えるものだけに注目することが習慣になってしまった人たちにとっては，主体性という人間の問題についても，W博士と同様に，その内側の見えない部分には目が届かないのです．

　主体的でない人をみて，「あの人には主体性がない」と言うことはありませんか．外から見て主体的な行動がみられなければ，そして，あなただけではなく周りの人が皆そう思っていれば，客観的にみて，その人には主体性がないと思ってしまうのではないでしょうか．

　ところが，よく考えてみてください．主体的な行動がみられないのは衆目の認めるところとはいえ，主体性がないのを誰がみたのでしょうか．その人は，現に存在しているわけで，その存在している人に向かって主体性がないというのは，その人の存在そのものを認めていないことになるのではないでしょうか．

　言い換えると，主体的な行動がみられないということと，主体性がないということとはまったくの別のことなのです．しかし，外から観察している人にとっては，しかもその行動を科学的に観察している人にとっては，その観察が科学的であればあるほど，外から観察できなければ，内面にも同じように何もないように勘違いしてしまうのです．すなわち，主体的な行動がみられないのは，主体性がたんに発揮されていないからだということに気づかないのです．

　FAXの場合には決して起こり得ないようなおかしなことが，人に対しては起きているわけです．FAXの例で考えると，W博士のケースは滑稽な話です．ところが，冷静に考えてみると必ずしも滑稽なこととも言い切れません．FAXは機械ですから，分解すれば内部構造は客観的にとらえることができます．しかし，人間の心は分解することができないので，内側を確かめるには内観する以外に方法はなく，恣意的にしかとらえることができません．このように，客観的にはつかめない人の内面には立ち入らずに，外から客観的に観察できる行動を，実験によって科学的なデータを集めて分析することで人の行動を支配しようとする考え方（ワトソン，1968）は，ワトソンやスキナーに代表される行動主義心理学として一世を風靡しました．そして，教育の分野はいうに及ばず，人が関わっているさまざまな分野の発展にずいぶ

ん貢献してきました。それだけに，行動主義に基づくこのような考え方は，私たちの頭のなかに常識となるほど強く浸み込んでおり，つい油断をすると知らず知らずのうちにそのような考え方が頭をもたげてくるのです。アクティブ・ラーニングを主体性を身につけるためのスキナー箱に見立てる教育観は，おそらくその名残ではないかと推察されます。行動主義は科学としての客観性を重んじるゆえに，客観的にみることが難しい内面に入り込むことは避けるため，人間とラットやハトとを区別することなく，両者を同等に考えてしまうのです。

3 具体的にどのような間違いが起きているのか

　スキナー箱に入れればラットやハトですら学習して自発的に行動するようになるのです。自発性は，人間でいえば，主体性のあり方の典型的なケースだと考えられます。それならば，ラットやハトよりも頭脳が発達している人間であれば，当然，学習効果はラットやハトの場合よりも高いはずで，より効果的に自発的な行動を学びとるはずだ，と行動主義の人たちは考えるのです。このように考えるのは行動主義の人たちに限らず，一般的に多いのではないでしょうか。ここに，W博士のやったことを笑えない，専門家としての，そして専門家だけではなく，ほぼ一般的に常識化してしまった誰もがはまる落とし穴があるのです。

　次の章で詳しくみるように，アクティブ・ラーニングで主体性を発揮して自発的行動を学びとることのできる学生は3分の1ほどしかいません。残りの3分の2ほどの学生は，自発的行動を学びとるどころか，逆に，主体性発揮を阻害している要因をいっそう募らせている可能性があるのです。しかも，主体性を発揮する3分の1の学生のうち，約半分の学生は，自己中心的になりがちで，あまり望ましい学習をしているとはいえません。自己中心的にはならずに，他者と調和的な望ましいかたちで学べるのは残りの半分ほど，すなわち全体に換算すればわずか6分の1ほどの学生にすぎないのです。

　このような誤りに陥るのは，行動主義の考え方がラットやハトと人間との間に境界線を引かないことに原因があると考えられます。その根源的な原因は心の問題を不問にしているところにあるわけです。そのことが，心のなかに主体性発揮を阻害する要因をもっている人とそうでない人とをひとつかみにして，アクティブ・ラーニングというスキナー箱に入れてしまう誤りを犯す原因になっているのです。

4 マズローの人間性心理学

　これから話題にするマズローも当初は行動主義心理学の信奉者でした。ところがあることをきっかけにして行動主義から離れ，人間性心理学を提唱することになります（ゴーブル，1972）。

　マズローが行動主義と決別した経緯は次のようなものでした（ゴーブル，1972）。当初，彼は，ワトソンの行動主義との出会いに興奮するほどの思いを抱き，行動主義に熱中しました。そして，サルを対象にして研究を進めています。行動主義者は内面まで立ち入ることはしませんので，動物と人間との間に境界線を引きません。ところが，研究が進み，他の心理学の分野に視野が広まるにつれて，行動主義に対する彼の思いが薄れてきました。ちょうどそのようなとき，彼は子どもに恵まれます。そのときの様子を，彼は，その赤子が心理学者（マズロー自身）を変えたと述懐しています。そのときのことを，彼はこう表現しています。「コントロールを何ら受けていない存在の神秘」「赤ん坊をもてば行動主義者にはなりようがない」まさに，マズローの提唱する人間性心理学にふさわしい出来事です。

　一般に，人は欲求にもとづいて動機を抱き，動機が行動を引き起こすと考えられています。そして，マズローは，人を動かす動機を大きく二つに分けています。すなわち，欠乏動機と成長動機との二つです。欠乏動機は足りない資源を外界から求める欲求にもとづいて生じるといわれ，成長動機は満ち足りた資源やエネルギーを外に放出しようとする欲求にもとづいているといわれています（上田，1988）。

　上田（1988）によれば，二つの動機の要因になる欲求は質的に明確に異なっています。欠乏動機（欲求）にもとづいている行動は，精神的，生理的，肉体的に欠乏状態が生じて，これを外界の資源によって補おうとするものです。たとえば，空腹を感じれば食べる，危険を感じればそれを回避する，寂しければ趣味のサークルに入る，といった行動につながるのがその例としてあげられます。それに対して，成長動機（欲求）にもとづいている行動は，充実したエネルギーを外の対象に向けて放出し，自身の成長につながるものになります。たとえば，天才的な創造性に限らず，終日家事に追い回されながらも，素晴らしい料理を作ったり，家のなかは常にきれいに片づいているというように，忙しいなかをやり繰りする家庭の主婦／主夫など，日常生活で創造性を発揮するケースなどにもみられることです（マズロー，1964）。

　成長動機（欲求）は欠乏欲求が満たされて初めて生まれます。それは，人が十分に欲求を充たして，満ち足りた資源やエネルギーを放出しようとする欲求だからで

す。だからこそ，ものごとに没頭し，創造性を発揮するようになるのです。しかも，そのことが，自分の欲求を充たすことになり，自分の満足につながるのです。マズローは，このような心を健康な心といっています。そして，欠乏欲求が満たされている程度と心の健康度との間には正の相関関係があるといっています（マズロー，1987）。

しかも，成長動機（欲求）にもとづいて動く人は，主体的だといいます（上田，1988）。成長動機（欲求）にもとづいて動いてる人は，そうではない人が外界から求めるものについては満ち足りているわけですから，外界に依存する必要がありません。すなわち，人の思惑や世間体を気にしたり，虚勢を張ったりする必要がないのです。外界をありのままの状態でとらえ，ありのままの自分を素直に出せるのです。まさに主体的なのです。

逆にいえば，欠乏動機（欲求）の状態にある人は，外界に依存しないとやっていけないので，主体性を発揮できないでいるのです。このように考えてみると，欠乏動機（欲求）の段階にある人が成長動機（欲求）のレベルに達するのを阻害している何らかの要因があるはずです。動機（欲求）がレベル・アップするのを阻害している要因がつかめれば，その阻害要因を取り除くことを考えて，胸中に閉じ込められている主体性を救い出すことができるのではないでしょうか。次に，このような観点からマズローをもう少し掘り下げてみましょう。

5 主体性発揮阻害要因を探る：マズローの欲求階層論

マズローについては，第2章第4節で紹介しましたが，ここでは，主体性発揮を阻害している要因を明らかにするという観点から，もう一度マズローをみてみましょう。

彼は，すでにみたように，人間の欲望を5段階に分けて，下位の欲望から順次満たされて段階を上る仕組みを想定しています。5段階のうち下位の4段階目の途中までは欠乏欲求を示しており，それ以降は成長欲求の特質をあらわしています。

階層は5段階からなっており（表5-1），欲求の優先度の高いものから低いものへと順になっています。階層の区分はそれほど明確ではありませんがなかなかの説得力があります。マズローの欲求階層論にここで注目したのは，低位の段階をクリアして上位の段階に至る方法を彼が明らかにしているところが，主体性の発揮を阻害している要因を取り除くヒントにつながるからです（上田，1988）。

表5-1 マズローの欲求階層論

第1段階：生理的欲求
生命にかかわっているだけに最優先される欲求です。食べること，水分を補給すること，空気を吸うことなど，典型的に外界から求める欲求です。
第2段階：安全欲求
生理的欲求がほどほどに満たされると次に出てくるのが安全欲求です。人間は，生理的欲求が満たされると，そのことに満足しきってしまうことはないのです。襲ってくる不安から逃れ，安全や安定を求めます。外敵や自然から守ってくれる住居，秩序を守る法，不安を解消してくれる相談相手など，自分の安全を確保できるものを外界から求めます。
第3段階：所属と愛情の欲求
生理的欲求と安全欲求とが十分に満たされると，これまでは自分のことで精いっぱいでしたが，他人に関心が向きだします。すなわち，この段階になると，社会の一員として認められたい，周りの人たちから愛されたいという願いが強まり，欲求の域にまで高まることになります。これも，所属や愛を外界から求める欲求です。
第4段階：承認の欲求
この段階になると，たんに所属しているだけではなく，高い評価を受けることによって周囲から承認されることを望みだします。マズロー（1987）は，この段階を二つに分けて考えています。すなわち，他者から受ける評判とか信望などによって支えられた承認の段階と他者を超越した自己承認の段階とに二分しています。他者からの承認のレベルにある人は承認を他者から求めており，承認を外界に依存していることになりますが，自己による承認のレベルに達している人はもはや外界に依存することはなくなります。自己による承認のレベルに達している人は，外界に求めることのない，外界に向けて放出するエネルギーに満ちた次の第5段階の域に達しているということができます（上田，1988）。
第5段階：自己実現の欲求
以上のすべての段階をクリアしたとしても，人間は満足しきることはできません。自分がこうありたいと思うこと，自分にふさわしいこと，自分の能力が最大限に発揮できることに向けて満ち足りたエネルギーを放出したくなるのです。このような状態にある人の心を，マズローは健康な心といっているのです。

　マズローは，人の欲求を表5-1の五つの階層でみていきます。ところが，最初にも述べたように，この階層論は説得力のあるものですが，よく考えてみると，相互に関連し合っていて，明確に階層化できるものではありません（上田，1988）。すなわち，ある行動を説明するのに階層をまたがってしまうことが生じるのです。たとえば，恐ろしいものをみた子どもが母親にしがみつくのは安全欲求からでたものともいえるし，愛情を求めることにも通じるからです。

　マズローの欲求階層論には以上のようなわかりにくい点もありますが，彼の欲求階層論を求める欲求と与える欲求という観点から見直すと，その境目は明確になります。第4段階の承認が他者からのものを求めているレベルなのか，他者からのも

のを超越して,自己による承認のレベルにあるのかが分岐点になっています。主体性が発揮されるための健康な心になるのを阻害しているのは承認を外界に依存していることだといえそうです。

　以上のようなマズローの考え方を第4章でみた子どもたちに当てはめてみると,子どもたちの心のなかで起きたことが明確になるだけではなく,彼の説がもっている説得力がさらに増すことになります。小学校5年生の男子児童はみんなから拍手をしてもらえたことが他者から承認をしてもらえた証になりました。しかし,その拍手は,その子どもにとっては単なる承認の拍手ではなく,たとえ失敗しても認めてもらえた拍手だったのです。おそらく,この時点で,その子どもは,他者からの承認を求める段階を超えて,自分で自分を承認できる段階に入り込んだのではないでしょうか。そのことにより,自身の主体性を阻害していた要因から解放されたのだと思われます。同様に進級して友人が増え,さらに空手の試合を通して違う地域の友人ができ,そのうえ先生にも褒められて,他者からの承認に頼る必要がなくなったのでしょう。二つ目の女子生徒の場合は,自分の変化を自分で感じ取って,挙句には一緒にしゃべる友達がいなくても平気になっています。これも,他者から承認される必要を感じなくなったことをあらわしているもののように思われます。例にあげた二人とも,それぞれが体験したり,出会ったりしたことがきっかけになって,他者からの承認を必要としないレベルに達して,主体性阻害要因から解放されたのではないかと思われます。

【参考文献】

上田吉一（1988）.『人間の完成―マズロー心理学研究』誠信書房
ゴーブル, F.／小口忠彦［訳］（1972）.『マズローの心理学』産業能率短期大学出版部（Goble, F. G. (1970). *The third force: The psychology of Abraham Maslow*. New York: Grossman Publishers.）
マズロー, A. H.／上田吉一［訳］（1964）.『完全なる人間―魂のめざすもの』誠信書房（Maslow, A. H. (1962). *Toward a psychology of being*. Princeton, NJ: Van Nostrand.）
マズロー, A. H.／小口忠彦［訳］（1987）.『人間性の心理学―モチベーションとパーソナリティ 改訂新版』産業能率大学出版部（Maslow, A. H. (1954). *Motivation and personality* (2nd Edition). New York: Harper & Row.）
ワトソン, J. B.／安田一郎［訳］（1968）.『行動主義の心理学』河出書房新社（Watson, J. B. (1930). *Behaviorism*. New York: Norton & Company.）

06 大学生にみる主体性阻害要因の実態

　第5章での考察により，主体性問題に対処するには，外から観察するだけでは不十分で，心の健康問題にまで入り込まなければならないことがわかりました。主体性問題を解決するには，心のなかに入り込んで，健康な心になるのを阻害している要因を確かめたうえで，阻害要因を除去する必要があります。そこで，本章では健康な心になるのを阻害している要因をどうつかむか，そして阻害要因をつかんだうえでその実態はどうなっているのかをみていきます。

1 阻害要因の実態をみるのになぜ交流分析を用いるのか

　阻害要因の実態をみるために，本書では心理学の一分野である交流分析を用います。それは，交流分析の考え方が本書の分析目的に適っているからです。
　交流分析は，互いに反応し合っている人間の交流関係を心理学的に分析します。交流分析に流れる考え方を本書の分析に関連させて取り上げると次の4点が浮かび上がってきます。

> (1) まず，交流分析の考え方には前章で紹介したマズローの考え方と根源的に一脈通じるところがあります。すなわち，交流分析は人間性心理学を取り入れているといわれています。交流分析では，人間一人ひとりの行動様式はさまざまであるにもかかわらず，人間の核心部分には，成長と自己実現との可能性を秘めており，それを実現する願望をもっていると考えられているのです（ウラムス・ブラウン，2013）。
> (2) 次に，交流分析は，外からは観察できない個人の内的な体験と外から観察

できる行動とを関連づけて考えます（スチュアート，2015）。交流分析のこの考え方は，本書の分析にとっては非常に重要な意味をもっています。第5章で紹介した行動主義心理学は，表層的な科学性を重んじすぎたために内観に頼る心のなかの問題を恣意的で非科学的だとして重視しませんでした。そのために，心の問題である主体性の問題をうまく処理できないでいるのです。ところが，交流分析の理論は観察によって原理的に検証可能で，しかもその理論は個人の行動と内的な体験とを結びつけているのです。ここに，交流分析を用いて主体性問題にアプローチできる可能性を見出すことができます。

(3) さらに，交流分析の分野では信頼性の高い検査用の質問紙が多く開発され，市販されています。この点も，本書のように統計的に実証する場合には欠かせない重要なポイントになります。もともとは，訓練された専門家が観察をして評価していたものが，質問紙を利用することにより特別の専門家ではなくても手軽に評価することができるようになりました。この質問紙のなかには，自己や他者を肯定しているか否かを検査するものもあり，これが，主体性を阻害している要因をみつけ出すのに利用できるのです。

(4) 最後に，本書との関連で特筆すべきなのは，交流分析の分野では，心のエネルギーを適切に発揮する健康な心を目指した質問紙が開発されていることです（桂他，1997）。ここでいう心の健康とマズローのそれとはアプローチが異なり，必ずしも同じものとはいい切れませんが，主体性との間にはかなりの関係があることを第7章で紹介します。

2 交流分析では対人関係のパターンを四つに分ける

交流分析では対人関係を自己肯定／否定，他者肯定／否定にかかわらしめて次の四つのパターンに分けてとらえます（ハリス，2000）（表6-1）。このパターンが主体性阻害要因を探るのに役立つのです。

アーンスト（Ernst, 1971）は，この四つのパターンを図6-1のようにまとめて，この図のことを「OK牧場の図」と呼んでいます。彼は，四つの枠を牧場の囲い枠に見立てているわけです。もちろん，「OK牧場」は，西部劇で有名な「OK牧場の決闘」を連想させます。

表 6-1 交流分析における対人関係の四つのパターン

①私は OK ではない（自己否定），あなたは OK である（他者肯定）
②私は OK ではない（自己否定），あなたも OK ではない（他者否定）
③私は OK である（自己肯定），あなたは OK ではない（他者否定）
④私は OK である（自己肯定），あなたも OK である（他者肯定）

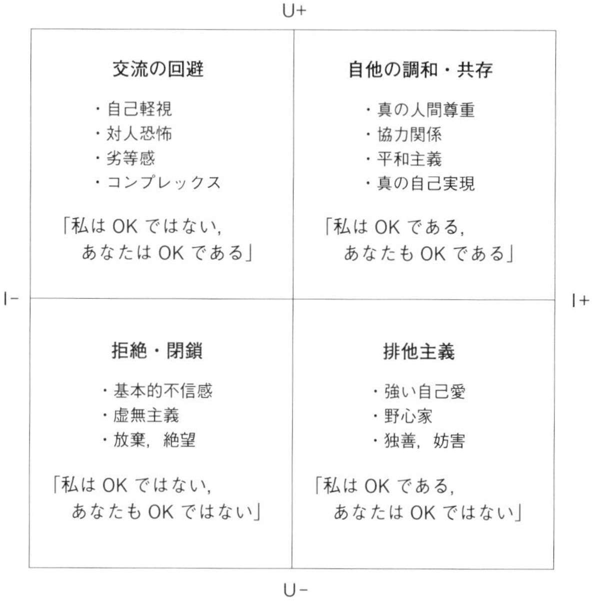

```
                          U+

   ┌─────────────────────┬─────────────────────┐
   │   交流の回避         │   自他の調和・共存    │
   │  ・自己軽視         │  ・真の人間尊重      │
   │  ・対人恐怖         │  ・協力関係         │
   │  ・劣等感           │  ・平和主義         │
   │  ・コンプレックス    │  ・真の自己実現      │
   │                    │                    │
   │  「私は OK ではない， │  「私は OK である，   │
   │   あなたは OK である」│   あなたも OK である」│
I- ├─────────────────────┼─────────────────────┤ I+
   │   拒絶・閉鎖         │   排他主義          │
   │  ・基本的不信感      │  ・強い自己愛       │
   │  ・虚無主義         │  ・野心家          │
   │  ・放棄，絶望        │  ・独善，妨害       │
   │                    │                    │
   │  「私は OK ではない， │  「私は OK である，   │
   │   あなたも OK ではない」│   あなたは OK ではない」│
   └─────────────────────┴─────────────────────┘

                          U-
```

図 6-1 「OK 牧場の図」と心の健康度
（出典：杉田（1990）に手を加えたものである）

図 6-1 を簡単に説明しておきましょう。横軸の右端にある I+ は「私は OK である」を意味しています。逆に，横軸の左端にある I- は「私は OK ではない」を意味しています。また，縦軸の上端にある U+ は「あなたは OK である」を意味しています。縦軸の下端にある U- は「あなたは OK ではない」を意味しています。

そうすると，四つの枠の意味がわかってきます。すなわち，右上の枠は I も U も + ですから，「私は OK である，あなたも OK である」と自分のことを自分で思っている人たちが入る枠です。右下の枠は I が + で U が - ですから，「私は OK である，あなたは OK ではない」と自分のことを自分で思っている人たちが入る枠です。同

様に，左上の枠には「私はOKではない，あなたはOKである」，また，左下の枠には「私はOKではない，あなたもOKではない」と自分のことを自分で思っている人たちが入る枠になります。

　以上四つの対人関係のパターンにある人たちはどのような対人関係をつくりだす傾向にあるのでしょうか。まず，右上の枠にいる人たちは対人関係において自他ともにOKの構えをとりますので，対人関係が調和的で共存的になります。したがって，このような人たちは，真の人間尊重，協力関係，平和主義，真の自己実現といった思いを内に潜めた生き方をする傾向にあるといわれています。また，右下の枠にいる人たちは，自分はOKですが他者はOKではないという構えを対人関係においてとりますので，排他主義的傾向をもちます。強い自己愛を内に潜め，野心家で，独善的傾向をもっているといわれています。さらに，左上の枠に入る人たちは，他者はOKですが自分はOKではないという構えを対人関係においてとるので，交流がおっくうになり，回避する傾向をもちます。このような人たちは，自己を軽視し，他人恐怖に陥る傾向にあり，劣等感をもち，コンプレックスを抱く傾向にあるといわれています。最後に，左下の枠に入る人たちは自他ともにOKではないという構えを対人関係においてとるので，対人関係を拒絶ないし閉鎖する傾向をとります。このような人たちは基本的に不信感に覆われ，虚無主義的になり，ものごとを放棄したり，絶望感に襲われがちだといわれています。

　以上四つのパターンを，健康な心を阻害している要因との関係で見直してみると次のようになります。すなわち，右上と右下の枠にいる人たちはI+ですから，その人たちは自己を肯定しており，自己を承認するのに他者に依存することはなく，求める欲求，すなわち欠乏欲求のレベルをクリアしているものと思われます。したがって，この人たちにとっては，主体性の発揮を阻害する要因はすでに除去されており，成長欲求のレベルにあると考えられます。ただし，右下の人たちは自己を肯定していますが他者を否定していますので，主体性を発揮しますが自己中心的になり，ひいては排他主義に陥り，望ましいパターンとはいいがたく，悪しき主体性ともいうべきものだといえます。そのように考えると，主体性として望ましいパターンは，自己も他者も肯定して，調和・共存の対人関係をとるパターンだということができます。

　以上のようなわけで，左上と左下の枠にいるI-の人たちが主体性発揮を阻害している要因をもっていると考えられるのです。すなわち，その人たちは，自己を否定していますので，自分で自分を承認することはできず，それを他者に依存するほ

かなく，欠乏欲求のレベルに留まっているということができます。

3 大学生の実態①：全体像

ここで，主体性発揮を阻害している要因の実態をみてみましょう。筆者の手元に，770名の大学生のデータがあります。大学1-3年次の学生で，偏差値40-70台の大学の学生たちです（図6-2）。測定には，適性科学研究センターが開発したPC-TAOK（ピーシートーク）が用いられました。

図6-2によると，主体性発揮を阻害している要因をクリアしている学生は全体のほぼ3分の1（16.4% + 16.6% = 33.0%）にすぎないのです。アクティブ・ラーニングで主体的に学び，アクティブ・ラーニングのメリットを享受できるのは全体の約3分の1にすぎないのです。そのうち，望ましい主体性を発揮できる学生は約半分ということになります。全体の残りの約3分の2（19.1% + 47.9% = 67.0%）の学生はアクティブ・ラーニングを課せられることによって自己否定感が募り，主体性阻

図6-2 大学生の実態
(出典：杉田（1990）に手を加えたものである)

害要因をより強化してしまう可能性があります。このような学生たちをひとまとめにしてアクティブ・ラーニングをさせる弊害は容易に想像できるのではないでしょうか。

4 大学生の実態②：偏差値別

さきほどは，大学生全体をまとめてみてみましたので，主体性阻害要因と偏差値との関係がみえなくなっています。しかし，主体性阻害要因のあり方と偏差値との関係は大いに興味のあるところです。さきほどの770名のうち377名は偏差値40-70台（70台：98名，60台：81名，50台：97名，40台：101名）の大学の1年次生を入学間もない春学期に測定したものです。このデータを「OK牧場」の図にはめ込んでみましょう。

図6-3をみれば，偏差値に応じて四つの枠に入り込む割合がずいぶん違うことが

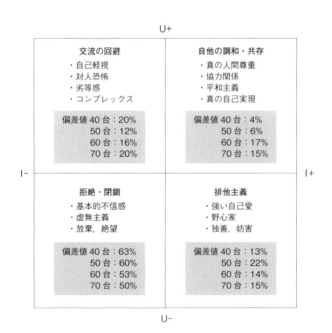

図 6-3　偏差値別にみた大学生の実態
(出典：杉田（1990）に手を加えたものである)

わかります。阻害要因をもっている学生の割合が多い順にみてみると，偏差値 40 台は 83%（20% + 63%），偏差値 50 台は 72%（12% + 60%），偏差値 70 台は 70%（20% + 50%），偏差値 60 台は 69%（16% + 53%）とほぼ偏差値の順に並んでいます。おおざっぱにみれば，ほぼ 70-80% の間にバラついています。

一方，阻害要因から解放されている割合を多い方からみてみると次のようになっています。偏差値 60 台は 31%（17% + 14%），偏差値 70 台は 30%（15% + 15%），偏差値 50 台は 28%（6% + 22%），偏差値 40 台は 17%（4% + 13%）です。ただし，阻害要因から解放されてはいるものの悪しき傾向を示すものが，偏差値 40 台の場合には 13%，偏差値 50 台で 22%，偏差値 60 台で 14%，偏差値 70 台で 15% に達しています。望ましい主体性を発揮しているのは，多い順にみて，偏差値 60 台が 17%，偏差値 70 台で 15%，そして，かなり少なくなって，偏差値 50 台で 6%，偏差値 40 台で 4% にすぎないのです。

【参考文献】
ウラムス, S.・ブラウン, M. ／繁田千恵［監訳］／城所尚子・丸茂ひろみ［訳］（2013）．『交流分析の理論と実践技法―現場に役立つ手引き』風間書房（Woollams, S., & Brown, M.（1979）. *TA: The total handbook of transactional analysis*. Englewood Cliffs, NJ: Prentice Hall.）
桂　戴作・新里里春・杉田峰康・水野正憲（1997）．『PC エゴグラム』適性科学研究センター
杉田峰康（1990）．『医師・ナースのための臨床交流分析入門』医歯薬出版
スチュアート, I. ／日本交流分析学会［訳］（2015）．『エリック・バーンの交流分析―フロイト，ユング，アドラーを超える心理学』実業之日本社（Stewart, I.（1992）. *Eric Berne*. London: Sage.）
ハリス, T. A. ／宮崎伸治［訳］（2000）．『幸福になる関係，壊れてゆく関係―最良の人間関係をつくる心理学―交流分析より』同文書院（Harris, T. A.（1969）. *I'm OK-you're OK: A practical guide to transactional analysis*. New York: Harper & Row.）
Ernst, F. H.（1971）. The OK corral: The grid for get-on-with. *Transactional Analysis Journal*, *1*(4), 33-42.

07 マズローの心の健康と交流分析上の心の健康

　第6章では，心の健康をマズローの考え方でとらえたうえで，それを，交流分析の分野で開発された「OK 牧場の図」であらわしてみました。ところが，交流分析の分野では，心の切り替えの仕方の観点から心の健康をとらえて，心の切り替え方の適切さの度合いを測定する方法が開発されています（桂他, 1997）。すなわち，心の切り替え方の適切さの度合いで心の健康状態を測定して，心の健康促進に役立てようとしているのです。交流分析の考え方は先ほどのマズローとは観点が異なりますが，第6章でみた「OK 牧場の図」を用いて両者の関連性をみてみましょう。

1 「OK 牧場の図」を介してみたマズローの心の健康と交流分析上の心の健康との関係

　ここでいう心の健康度の交流分析分野上の正式名称は透過性調整力（PC：Permeability Control Power）（桂他, 1997）です。透過性調整力は，交流分析の分野では心の健康の指標（杉山・佐々木, 2006）と考えられているのです。透過性調整力の説明は後回しにして，ここでは，まず，それを，心の健康度としてとらえて，マズローの心の健康との関係を「OK 牧場の図」を用いてみてみましょう（図7-1）。
　対象になっているのは，図6-2 で取り上げた770名の学生たちです。測定には図6-2 のときと同じ適性科学研究センターの PC-TAOK が用いられています。ちなみに，透過性調整力が測定できるのは適性科学研究センターの商品に限られています。数値は偏差値化されており，健常な成人の平均値が50に設定されています。
　図7-1 を参照しながら，「OK 牧場の図」の枠の位置と心の健康度との関係をみて

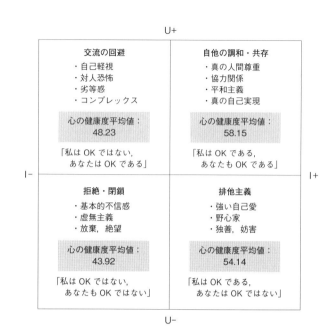

図7-1 「OK 牧場の図」と心の健康度
(出典：杉田（1990）に手を加えたものである)

みましょう。心の健康度の平均値の大きい順に，右上 = 58.15，右下 = 54.14，左上 = 48.23，左下 = 43.92 となっています。ところで，それぞれの平均値には誤差が含まれています。きれいに順番がつきましたが，疑い深い人は，実際には差はないのに，平均値に含まれている誤差のせいで差があるようにみえているのではないかと考えるだろうと思われます。そこで，これらの平均値の間に本当に差があるのかどうかを統計的にチェックしてみました（多重比較法）[1]。その結果，このような疑いはクリアされました。四つの平均値にみられる差は額面通りに受け取っていいのです。

透過性調整力の値が大きいほど心の健康度が高いことを意味しており，50点が健常な成人の平均値を示しています。右上と右下の枠に入っているのは「私は OK である」と思っている人たちで，その人たちの平均値は健常な成人の平均値を超えています。しかも望ましい主体性を発揮できる人たちの平均値はさらに高くなって

---

1) 統計的な根拠は巻末の付録②を参照してください。

います。逆に，左上と左下の枠には「私は OK ではない」と思っている人たちが入っており，その人たちの平均値は健常な成人の平均値に達していません。

このような関係を別の見方でとらえ直してみましょう。今度は，心の健康度と「私は OK である」および「あなたは OK である」との間にある相関関係でとらえてみます。対象は，これまでにみてきた 770 名です。

相関関係をみてみると，さきほどの見方が別の観点から支持されています（☞付録③）。心の健康度と「私は OK である」との間には 0.658 というかなりの相関がみられ，心の健康度が高まれば「私は OK である」も高まる関係にあります。また，心の健康度と「あなたは OK である」との間には 0.372 というやや相関があるという程度ですが，「私は OK である」の場合と同様に，心の健康度が高まれば「あなたは OK である」も高まる関係にあります。

「OK 牧場の図」と心の健康度との間にある以上のような関係をみてみると，次のようなことがイメージされます。すなわち，心の健康度が高まるにつれて主体性阻害要因が取り除かれ，さらに高まれば，悪しき主体性の領域を脱し，望ましい主体性の領域に達します。交流分析の分野で考えられている心の健康は，マズローのいう心の健康とはアプローチは異なりますが，主体性の観点からみれば，両者の間に接点を見出すことができそうです。

2 心の健康度と主体性との間にはかなりの相関がある

そこで，心の健康度と主体性との間に本当に関係がみられるのかどうかを第 2 章で紹介した浅海（1999）が開発した主体性テストを用いて試してみましょう。調査の対象にしたのは大学 2 年次生 117 名で，テストは秋学期開始時に実施しました。各質問に関して，（「はい」「？」「いいえ」）の 3 択で答えてもらい，「はい」には 2 点，「？」には 1 点，「いいえ」には 0 点を与えました。ただし，「自己決定力」の項目は問いが否定的なので，主体性の高い答えに得点を課するために，「はい」には 0 点，「？」には 1 点，「いいえ」には 2 点を与えています。なお，心の健康度については 1 年次秋学期終了時に PC エゴグラム（適性科学研究センター）[2] を用いて測定しています。

PC エゴグラムで測定した心の健康度と主体性テストで測定した主体性の程度と

---

2) 以下，本章で取り上げる PC エゴグラムはすべて適性科学研究センターによるものです。

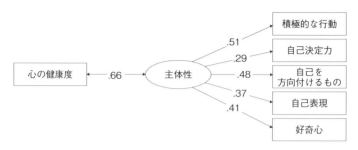

図7-2 心の健康度と主体性との関係

の関係を統計的に分析した概要を図7-2に示します。統計的な根拠にまで興味のある方は巻末の付録④を参照してください。

図7-2の見方を説明しましょう。図の左にある四角に囲まれた「心の健康度」はPCエゴグラムで測定した心の健康度を意味しています。右の四角で囲まれた五つの項目は主体性テストの回答を得点化したものを意味しています。これら四角で囲まれた項目は実際に測定されたデータに対応しています。それに対して楕円で囲まれた「主体性」は実際に測定されたものではありません。主体性の程度を知るために、主体性を反映していると考えられる五つの項目から統計的に算定されたものです。双方向の矢印（↔）は矢印の先にある二つの項目間の相関関係をあらわしており、示されている数値は相関係数を示しています。一方向の矢印（→）は因果関係を示しており、矢印の根元が原因になる項目で、矢印の先が結果を示す項目です。矢印につけられた数値は両者の関係の強弱を表しており、相関係数と同様のものだと思ってかまいません（西内, 2013）。

以上の見方に従って図7-2を解説してみましょう。まず、右にある四角に囲まれた五つの項目はそれぞれ主体性を反映しています。反映の程度が最も強いのが「積極的な行動」であり、つづいて「自己を方向付けるもの」「好奇心」と続きます。あとは、「自己表現」「自己決定力」の順に関係が弱くなっていきます。次に、主体性と「心の健康度」との間の相関係数は0.66であり、値からみてかなりの相関があるといえます。

以上みてきたことをまとめてみると、マズローのいう心の健康と交流分析の分野の心の健康とはアプローチは異なっても、主体性の観点からすると両者には共通する面があることがわかります。そこで、これからは、交流分析の分野の心の健康度を介してマズローの心の健康、すなわち主体性をみていくことにしましょう。なぜ

なら，交流分析の心の健康度には，実用化するうえで次のような点が役に立つのです。

(1) マズローのいう心の健康の程度を測定することは困難ですが，交流分析の心の健康度は測定可能です。しかも信頼性の高い質問紙が開発されており，専門の研究分野でも活用されています。
(2) 交流分析の心の健康度を高める研究が学会レベルや教育現場でなされており，その方法が確立されているといっていいのです。このことは，交流分析の心の健康度が主体性問題解決に役立つことを示唆しています。心の健康度を高める研究成果は第9章で紹介します。
(3) マズローの心の健康では，自己中心的な悪しき主体性についての考察に欠けています。それに対して交流分析における心の健康は，図7-1が示しているように，自己中心的な主体性もカバーしています。

3 健康な心は学生生活を充実させ，就職活動を成功に導く

　以上の考察で，心の健康な人は主体的であることがわかりました。そこで，次に，心が健康な人がどのように主体的なのかをみてみましょう。ここでは二つの事例を取り上げます。一つは，心の健康な学生はよく遊び，よく学んでおり，自分が成長していることを自覚した豊かな学生生活を主体的に謳歌していケースです。二つ目は，心が健康な学生ほど就職活動（以下，就活）を有利に進め，成功しているケースです。
　まずは，溝上（2009）が「よく遊び，よく学ぶ」タイプと名づけた学生たちのケースです。筆者の本務校であった京都産業大学は調査チーム（京都産業大学（旧）教育支援研究開発センター全学学習活動実態調査チーム）を立ち上げて，同大学にふさわしいモデルとなるような学生像を描くべく，顕著に活躍しており，存在感のある学生6名を選び出して調査をしました。この6名は，教員はもとより事務職員，友人がそろって「この学生たちはすばらしい」と認めている学生たちです。彼らのありようは，拙著『幸せを求める力が育つ大学教育』（後藤，2017）に詳しく述べられていますが，ここでは本書の切り口でそのケースを取り上げてみます。
　行動観察の専門家も交えた調査チームが調査をした結果，6名の学生の「よく遊び，よく学ぶ」姿が明らかになりました。調査によって，彼らには共通する二つの

ことがあることがわかりました。一つは，全員が大学に来てよかったと思っていることです。具体的には，自分たちの日々が充実しており，多種多様な経験を通して自分たちが成長していることを実感しているのです。次は，合宿での勉学や座談会での意見交換を楽しむなど，たんなるレジャーではない充実した人間関係をよしと思っている点です。彼らにとって，昼は授業に出て，夜は自宅で一人過ごした日は「好ましくない日」なのです。授業の受け方にも主体性が明確に出ています。受けている授業に自分なりの優先順位をつけ，優先度の低い授業には出席はするものの内職をし，ただし，板書だけはきっちりとノートに書き写し，単位だけは確保する一方，優先度の高い授業では本気で気合を入れているのです。以上のように，彼らは，メリハリのある毎日を送っており，自分の成長を実感しながら学生生活を主体的に楽しんでいます。

調査チームの調査に加えて，PC-TAOKを用いて彼らの心の健康度を測定してみました。そこで，PC-TAOKでの測定結果と調査チームから提供を受けた観測結果とを比べてみましょう（表7-2）。

まず，PC-TAOKでの測定結果によると，全員，マズローのいう健康な心の持ち主だということができます。なぜなら，全員，「私はOKである」と思っており，他者からの承認を求める必要はなく，求める欲求の域を超えていると思われるからです。しかし，六人のうち，「あなたもOKである」と思っているのは3名（A，C，D）のみで，彼らは，望ましい主体的なタイプにあると思われます。しかし，残りの3名（B，E，F）は，健康な心の持ち主で主体的ではありますが，「あなたはOKではない」と思っていますので，排他的で，望ましい主体的なあり方とはいい難い

表7-2　PC-TAOKでの測定結果と調査チームの観察結果

学生	PC値	「私はOKである」・「あなたもOKである」	「私はOKである」・「あなたはOKではない」	能動的な行動実行	他者への敬意・尊重
A	55	○		非常にある	少しある
B	55		○	非常にある	非常にある
C	57	○		非常にある	非常にある
D	57	○		少しある	非常にある
E	63		○	非常にある	少しある
F	68		○	非常にある	非常にある

注）調査チームの観察結果の評価は，非常にある，まあまあある，少しある，ないの4件法。

人たちです。

　それに対して，調査チームの観察結果はどうでしょうか。程度の差はありますが，全員，能動的な行動をとっていると評価されています。能動的な行動は主体性を構成する要素の一つであると考えられます。したがって，調査チームは全員を主体的だと評価しているとみていいと思われます。この点に関しては，PC-TAOK での測定結果とほぼ同じと考えていいと思われます。

　ところが，主体性のあり方については両者の間には多少隔たりがあります。調査チームは排他的かどうかの評価はしていません。しかし，「他者への敬意・尊重」の程度を評価しているので，排他的かどうかをこれで判断してみることにします。以下，PC-TAOK での測定結果を基準にして考えてみましょう。A は「非常にある」となっても不思議ではないのに，1 ランク下の「少しある」になっています。B は，「ない」になってもよいはずなのに，真逆の「非常にある」になっています。E は，「ない」と評価されてもよいはずなのに，1 ランク上の「少しある」になっています。最後に，F は，「ない」になるはずが，真逆の「非常にある」になっています。6 名のうち 2 名が正反対の評価を受けていることになります。

　どちらが正しいのかということについては，残念ながら，容易に判断はできません。PC-TAOK のような信頼できるテストでも，慎重に作られているとはいえ，基本的には本人がそう思っている結果であり，受けたときの状況で結果にバラつきが出るのが普通です。また，観察結果にしても，本当のところはつかみにくいところがあります。そのことは，慎重な面接結果にもかかわらず，騙されることも多々あることを思えば理解できるだろうと思われます。大きな隔たりがあれば別ですが，測定結果と観察結果との間に多少の隔たりがあるのが普通だと考えるのが妥当だと思われます。むしろ，両者がぴたりと一致する方が不思議なのではないでしょうか。いずれにしても，調査対象になった 6 名の事例は，全員の PC 値が 55 以上あり，したがって心は健康な状態にあると思われ，全員が主体的な学生生活を謳歌していることを示唆しています。主体性という大枠については，PC-TAOK の測定結果と観察チームの観察結果とで一致していることになります。

　次は，心の健康度と就活との関係です。ここに，2011 年度に卒業した学生のデータがあります。卒業年度末までに内定届を提出した 1,914 名の学生，および，そのうち 1 年次に PC-TAOK の測定をした 74 名の学生が分析の対象です。PC-TAOK の測定は 1 年次に実施されていますので，そのデータを 4 年次の就活に当てはめてもよいのかという問題があります。しかし，通常の学生生活にあっては，PC 値を

変化させる機会はまずないという報告もありますので（杉山・佐々木, 2006），PC-TAOK の測定時と就活時との時間的な差の問題はまず考えなくてもよいものとします。

まず，心の健康度をあらわしている PC 値と内定時期との関係をみてみましょう（☞付録⑤）。両者の相関関係をみてみると，相関係数は -0.233 です。やや相関があるという程度ですが，PC 値，すなわち心の健康度が高いと内定時期が早くなるという関係がうかがえます。そこで，分析をさらに深めてみましょう。

次に，就活生全体の内定動向をみてみましょう（図7-3）。分析対象になっているのは 2011 年度の卒業生で，内定を届け出た学生 1,914 名です。このデータでは，学生が内定したことを大学に届け出た日を内定した日とみなしていますので，内定が実際に出た日はそれ以前の可能性があります。当時の大卒採用に関する取り決めによれば，選考活動は 4 月 1 日からで，内定出しは 10 月 1 日からになっていましたが，実態は図 7-3 の通りです。

図 7-3 で，月別内定率の動きをみてみましょう。月別内定率は 6 月にピークになり，あとは落ち込んでいきます。そして，2・3 月は追い込みがかかって急上昇しています。2・3 月に追い込みがかかるのは当然ですが，内定の届け出を怠っていた学生がその頃になって気づいて届け出るケースも含まれていると思われます。就職担当のスタッフによれば，「6 月までに内定をもらえば上出来といえる。6 月までに内定している学生は第一志望群に内定している可能性が高い。少なくとも 10 月までには決着をつけてほしい。10 月までに決まっていない学生は，それ以降苦戦する」とのことです。累積内定率を表している棒グラフをみれば，6 月の時点で約 3 分の 1 の 34.2％，10 月の時点で 3 分の 2 弱の 63.8％の学生が内定をもらっていることに

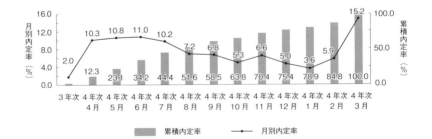

図7-3　月別・累積内定動向

なります。

　6月までに内定をもらった学生の内定先をみれば，彼らの主体的な就活の様子がうかがえます。それらは，就活生に人気があると騒がれている企業や，コマーシャルで露出の多い企業，資本金の大きい企業などでは必ずしもありません。就職担当スタッフによれば，彼らが選んでいるのは自分の身の丈に合った企業だということです。大卒採用に関する取り決めを鵜呑みにせずに活動したり，世間の風評に左右されることなく，自分に合わせた企業選択をして，しっかり第一志望の企業をつかみとるところに彼らの主体性があらわれているように思われます。このように考えてみると，どうやら6月が，主体的な就活をして，その成果をあげているかどうかの分岐点になっているとみていいようです。

　そこで，次に，心の健康度をあらわしているPC値を以上の分析に絡めて分析してみましょう。そのために，内定者と未定者とのPC値を月別にとらえてグラフ化してみます（図7-4）。PCの値は，健常な成人の平均を50にした偏差値であらわされています。

　全体を概観して，どの月も，内定群の平均値の方が未定群の平均値よりも上回っています。全体を通して，PC値が大きい学生は早く内定をとっているということがうかがえます。しかし統計的にそういえるのは，横軸のラベルに＊印のついている6，8，9，10月です（☞付録⑥）。このことは，主体的に判断し，主体的に動いている学生は，6-10月の間に決着をつけているということを示唆しています。就職担当スタッフの見解をデータが見事に裏づけています。見方を変えれば，データは，就活生のPC値をみれば彼らの内定時期や内定先がある程度予測がつくということを示唆しています。しかも，PC値は適切なトレーニングで伸長することがわかっ

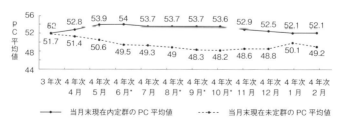

図7-4　月別にみた内定群と未定群のPC平均値比較

注）＊印の付された月の内定群および未定群の平均値の間には5%未満で有意な差がある（☞付録⑥）。

ているのです。それだけではなく，PC 値は学びの質にもかかわっていることが示唆されており（後藤，2017），大学における初年次教育として，早い段階からの PC 値伸長教育戦略が望まれるゆえんです。

　以上，PC 値の高い学生の主体的な様子をいくつかのデータによって具体的にみてきました。まず，主体性がもっているよい面と悪い面との違いを見分けるには困難が伴いましたが，主体的に学生生活を送っている学生の PC 値は高いことが示唆されました。また，PC 値の高い学生が就活を有利に進めていることもデータを通して確認できました。大切なことは，そのような事実があるということだけではなく，PC 値は教育によって伸ばすことができるものであり，知的側面だけに偏りがちな教育界への戒めとして受け取ってもらえれば幸いです。

【参考文献】
浅海健一郎（1999）.「子どもの「主体性尺度」作成の試み」『人間性心理学研究』*17*(2)，154-163.
桂　戴作・新里里春・水野正憲（1997）.『PC エゴグラム』適性科学研究センター
後藤文彦（2017）.『幸せを求める力が育つ大学教育』ナカニシヤ出版
杉田峰康（1990）.『医師・ナースのための臨床交流分析入門』医歯薬出版
杉山雅美・佐々木雄二（2006）.「自我状態の透過性調整力に関する研究（2）―その促進技法，及び自己認知との関連による検討」『交流分析研究』*31*(2)，113-120.
西内　啓（2013）.『統計学が最強の学問である―データ社会を生き抜くための武器と教養』ダイヤモンド社
溝上慎一（2009）.「「大学生活の過ごし方」から見た学生の学びと成長の検討―正課・正課外のバランスのとれた活動が高い成長を示す」『京都大学高等教育研究』*15*，107-118.

08 交流分析上の心の健康の正体

　これまでは，交流分析上の心の健康とはどのようなものなのかについて触れないできました。しかし，話がここまで進んできたら，そのまま触れないでおくわけにはいきません。本章では交流分析上の心の健康について明らかにしたいと思います。

1 何かをしようとするとき，心のなかでは会議が開かれている

　普段，誰でも経験しているように，何か行動を起こすときには，心のなかに何人かの私が登場して会議が開かれ，意見を述べ合います。心の健康は，この会議が適切に運営されているかどうかにかかわっているのです。そこで，まず，心のなかの会議の様子からみていきましょう。

　たとえば，大学のある先生が，昼食をとるためにキャンパス内にある教職員用の食堂に向かっている場面を想定して，その先生の心のなかで開かれた会議の様子を覗いてみましょう。

　午前の授業もちょうど終わって，学生たちも学生食堂にいっせいに向かっています。その先生の研究室はキャンパスの端にあり，教職員用の食堂はキャンパスの反対側の端にあります。学生食堂はキャンパスの中央部にあるため，キャンパスの半ばを過ぎると，学生食堂に向かう学生とは正面向いてすれ違うことになります。

　新学期が始まって間もない頃のことです。向かってくる学生の集団のなかに，担当している新入生クラスの一人の学生が目に留まりました。一瞬目が合い，先方も気づいたようですが，スッと目をそらしました。人ごみに紛れて，そのまま通り過ぎる様子です。

　そのとき，先生の心のなかでは次のような会話が交わされていました。

(あッ，＊＊君だ)
(おおッ，目をそらしたぞ。ふむッ，こいつ，このまま通り過ぎる気かな)
(先生に対して，無礼な。挨拶くらいはすべきだろう)
(ちょっと呼び止めて，挨拶すべきことを言おうか)
(でも，面倒だし，早く行かないと職員食堂が混んでしまうしな。まあ，いっか，相手にその気がないんだから。こっちも，このまま通り過ぎよう)
(まて，まて。いま決着付けないと，これからお互い気まずいよ)
(相手は入りたての１年生じゃない。こっちから先に声をかけてあげたら)
　→すれ違いざまに相手の顔をのぞき込み，右手を大きく振り上げながら「おつかれさま！　お昼ごはんかい」

　ある先生が「おつかれさま！　お昼ごはんかい」と声をかけるまでには多くの意見が心のなかで交わされていました。ところが，それらの発言について心が働く仕組みの面からみると，次の三つに絞り込むことができます。これら三つは，精神科医エリック・バーンが提唱した交流分析の分野で用いられている考え方にもとづいています。彼の提唱した人格理論の特徴は，内面的な心理現象を重視していた従来のものとは異なり，内面のみならず人との相互関係をも同時に取り扱うところにあります（新里, 1992）。

①人に対して働きかけたり，人のために何かをしようとしたりするときに働く心の仕組みから出た発言
　・先生に対して，無礼な。挨拶くらいはすべきだろう
　・ちょっと呼び止めて，挨拶すべきことを言おうか
　・相手は入りたての１年生じゃない。こっちから先に声をかけてあげたら

発言のなかにある，べきとかあげたらというという表現は人に対して働きかけたり，何かをしようとするときに働く，心の仕組みから出てきたものです。

②人との調整を図り，現状にうまく対応しようとするときに働く心の仕組みから出た発言
　・まて，まて。いま決着付けないと，これからお互い気まずいよ。

まて，まて，という思い直しを求める発言はいまの状況だけでなく，今後までをも含めてうまく対応しようとするときに働く心の仕組みから出てきたものです。

③自分のために何かをしようとするときに働く心の仕組みから出た発言
　・面倒だし，早く行かないと職員食堂が混んでしまうしな。まあ，いっか，相手にその気がないんだから。こっちも，このまま通り過ぎよう

早く行かないと，という混雑する前に行きたいというこだわりのないストレートな気持ちや，いっかという声をかけるべきでもあり，そうしたいという本来の自然な気持ちを抑えて相手に合わせようとする発言は自分のために何かをしようとするときに働く心の仕組みから出たきたものなのです。

2 心の仕組みの働きをめぐって五人の私がいる

　互いに反応し合っている人間の交流関係を分析する交流分析（杉田，2000a）の分野では，心の仕組みが果たしている三つの働きをめぐって五人の私がいると考えています。何かあると，この五人が会議を開いて意見を交換するわけです。そこで，三つの心の仕組みと五人の私との関係をみてみましょう。

　まず，人に対して働きかけたり，人のために何かをしようとしたりする仕組みが働く場面では，自分を主体として発言する私と相手を主体として発言する私（柴崎，2004）との二人の私が登場します。前者は，自分の価値観をもち，自分の信念をもった私です。この私がとる行動特性にはプラスの側面とマイナスの側面とがあります。プラスの側面としては，理想を追求したり，道徳的・倫理的で，善悪をわきまえるところがあります。それに対して，マイナスの側面としては，責任を追求したり，支配的・威圧的になったり，厳しすぎたりするところがあります（芦原，1998）。したがって，この私は「厳しい私」と呼ばれており，次のような発言をする傾向にあります。すなわち，「……すべきである」「……する義務がある」「……しなければいけない」「……してはいけない」「当然でしょう」「だめねえ」（杉田，2000b）などです。後者は，相手に共感し，理解を示す私です。この私の行動にもプラスの側面とマイナスの側面との二つの側面があります。プラスに出れば，温かさや養護的・保護的，他人への思いやりとなってあらわれます。他方，マイナスになれば，甘やかしや過保護・過干渉，世話のしすぎになります（芦原，1998）。「……してあげよう」「よくできたよ」「あなたの気持ちわかるわ」「かわいそうに」「まかせておきなさい」「がんばりましょう」（杉田，2000b）というような発言をする傾向があり，「やさしい私」といわれることがあります。人に対して働きかけたり，何かをしようとする場面ではこの二人が登場するのです。交流分析の分野では，この部分は，親や養育者，教育者などの影響によって形成されたと考えられています。そして，「厳しい私」を略してCP（Critical Parent）と呼んでおり，「やさしい私」を略してNP（Nurturing Parent）と呼んでいます。

　次に，人との調整を図って現状にうまく対応しようとする仕組みですがこの仕組みが働く場面に登場する私は一人しかいません。彼には気づきがあり（柴崎，2004），人に対して働きかけたり人のために何かをしようとする私や，次に述べる自分のために何かをしようとするときに登場する他の私との調整役を果たしており，価値・信念や自分のために何かをしようとするときの感情に流されることはありません。

現状にうまく対応しようと，まるでコンピュータのように合理的に現状を処理・判断して正解を一つに絞り込む役割を担っています。この私にも2側面があります。プラスの側面には，情報を収集・分析し，客観的に理解し，現実的に判断するところがあります。しかし，マイナスの側面があらわれると，冷たく，人情味に欠け，人の気持ちよりも事実を優先する傾向をもつことになります（芦原，1998）。「誰が？」「なぜ？」「いつのことですか？」「どうやって？」「……と思う」「私の意見では……」（杉田，2000b）といった発言がよくみられます。この私は，「考える私」ともいわれており，交流分析の分野では，この部分を大人としての働きと考えて，A（Adult）と略しています。

　最後に，自分のために何かをしようとする仕組みが働く場面では，人に対して働きかけたり，人のために何かをしようとしたりする仕組みが働く先ほどの場面と同様に，自分を主体として発言する私と相手を主体として発言する私（柴崎，2004）の二人が登場します。前者のプラスの側面として，自由奔放で明るく，創造的かつ好奇心旺盛で，天真爛漫なことがあげられます。他方，マイナスの側面として，自己中心的で，本能的・衝動的でわがままなことがあげられます（芦原，1998）。この私は，欲求のまま，感情のままに発言します。たとえば，「ウァー」「キャー」「好きだ」「嫌いよ」「……がほしい」「お願い！」「……をしたい」「うれしい！」（杉田，2000b）など，何ものにも縛られない発言をする傾向にあります。このような傾向をとらえて，この私は「自由な私」と呼ばれることがあります。他方，後者は，相手に受け入れてもらおうとして，自分を抑えて，相手に合わせる発言をする私です。この私のプラスの側面としては，素直で，協調的で適応性があり，他人を信頼するところをあげることができます。逆に，マイナスの側面として，自信喪失や自責の念にかられるところ，自主性がなく依存的なところ，ひねくれたり反抗的になったりするところなどがあげれれます（芦原，1998）。「……してもいいでしょうか」「……できません」「ダメなんです」「どうせ私なんか」「ちっともわかってくれない」「もういいです」（杉田，2000b）などの発言をする傾向にあります。相手に合わせるところをとらえて，「合わせる私」と呼ばれることがあります。交流分析の分野では，「自由な私」の行動は子どもの頃に経験したような生来の自発的な感情にもとづいているのでFC（Free Child）と略しています。また，「合わせる私」は，子どもの頃に周囲に圧倒されて反応したことの名残であると考えられており，AC（Adapted Child）と称されています。

　心のなかにいる五人については，以上の他にも多様な呼び方がされています。し

08 交流分析上の心の健康の正体 67

行動特性の２側面〈プラスの側面〉〈マイナスの側面〉	〈プラスの側面〉・理想の追求・道徳的, 倫理的・善悪をみきわめる〈マイナスの側面〉・責任追求・支配的, 威圧的・きびしすぎ	〈プラスの側面〉・暖かさ・養護的, 保護的・他人への思いやり〈マイナスの側面〉・甘やかし・過保護, 過干渉・世話のしすぎ	〈プラスの側面〉・情報収集, 分析・客観的理解・現実的判断〈マイナスの側面〉・冷たい・人情味に欠ける・人の気持ちより事実を優先	〈プラスの側面〉・自由奔放, 明るい・創造的, 好奇心・天真爛漫〈マイナスの側面〉・自己中心的・本能的, 衝動的・わがまま	〈プラスの側面〉・素直・協調的, 適応性・他人を信頼〈マイナスの側面〉・自信喪失, 自責の念・自主性なし, 依存的・ひねくれ, 反抗的
心のなかの五人の私	（人に）厳しい私CP(Critical Parent)	（人に）やさしい私NP(Nurturing Parent)	（人との調整を）考える私A(Adult)	（人から）自由な私FC(Free Child)	（人に）合わせる私AC(Adapted Child)
心のエネルギーの使い方	自分主体	相手主体	気づき	自分主体	相手主体
心の仕組みが働く場面	人に働きかけたり人のために何かをする		現実に対応する	自分のために何かをする	

図 8-1 心のなかの五人の私とその行動特性

かし，本書では，次のように統一することにします。

- 厳しい私：CP
- やさしい私：NP
- 考える私：A
- 自由な私：FC
- 合わせる私：AC

以上に述べたことの全体を一覧できるように図表化したものが図 8-1 です。

3 心のなかにいる五人の発言力を測定して可視化するエゴグラム

以上にみてきた心のなかにいる五人の発言力は，その心の持ち主によってそれぞれ異なっており，心のなかにいる五人の発言力の違いが，その心の持ち主の個性となって行動にあらわれます。したがって，訓練を受けた専門家であれば，人の行動

を観察することで，その人の心のなかにいる五人の発言力を見抜くことができます。しかし，素人にはなかなかそう簡単にはいきません。ところが，心のなかにいる五人の発言力を質問で測定して，それを可視化する方法が開発されているのです。

五人の発言力を質問紙で測定して，それをグラフ化したものをエゴグラムと呼んでいます。そこでは，発言力は心のエネルギーとしてとらえられており，高いエネルギーをもっていれば発言力が強く，エネルギーが低ければ発言力も弱いと考えられています。本書で用いているPC-TAOK（ピーシートーク）やPC（ピーシー）エゴグラムは日本の適性科学研究センターで開発された質問紙で，五人の発言力のみならず，後ほど説明する心の健康度までを測定できる唯一のものです。

では，実際のエゴグラムをみてみましょう（図8-2）。これは，第6章で紹介した，入学間もない大学1年次生（2013年）377名の平均値で，測定にはPC-TAOKが用いられています。このデータは，入試偏差値40・50・60・70台の4大学で測定したものの全体平均値なので，大学1年次生の平均的な姿をあらわしているものと考えてほぼよいだろうと思われます。

図8-2をみながら，大学1年次生の平均的なイメージを描いてみましょう。まず，発言力の強さをみてみます。発言力の強い順に，①「合わせる私」，②「自由な私」，③「考える私」，④「厳しい私」，⑤「やさしい私」となっています。縦軸に示されている数値は健常な成人の平均値を50に置いた偏差値です。したがって，五人の私のうち健常な成人の平均値を上回っているのは「合わせる私」と「自由な私」との二つだけです。

エゴグラムを大づかみに解釈する場合，五人のうち二人の私に注目します。発言力，すなわちエネルギーが最も強い私と最も弱い私とに注目します。一般に，発言力の最も強い私が行動にあらわれやすいからです。逆に，発言力の最も弱い私が表

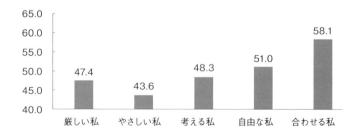

図8-2　大学1年次生のエゴグラムの平均像（N=377）

に出にくいからなのです。したがって、大学1年次生の平均的なイメージは、「合わせる私」が前面に出て、同時に「やさしい私」が表にあらわれにくいということになります。「合わせる私」のよい面があらわれると、協調的になり、周りの期待に応えようとします。他方、悪い面があらわれると、自分を抑え込むのでストレスを溜めやすく、限界を超えると癇癪をおこしたりします。このようなタイプは一般的には自分をもたない依存者タイプと呼ばれています。同時に、「やさしい私」が最も低いので、よい面がでれば、相手にやたら手出しをすることはありません。しかし、それが悪い方にでると、閉鎖的で他者にあまり関心をもたないタイプになります。これらを具体的にみてみてれば、授業には真面目に出席するが授業の内容には興味がなく、試験にでる箇所の正解だけを知りたがったり、自ら動くことをしないで指示を待っていたり、学生食堂に設けられた一人用の「ボッチ席」や「便所飯」などが社会的な現象として話題になるのが理解できるでしょう。

以上にあげたケースは学生を想定したものですが、新入社員にみられる現象も同様ではないでしょうか。指示待ち、ちょっと厳しくするとすぐ潰れる、すぐ辞めるなどは「合わせる私」が強い人たちのもっている傾向だといえます。また、仕事を頼むと、「習っていない」「できません」という返事も「合わせる私」によるセリフなのです。さらに、新入社員は挨拶ができないとよくいわれています。そこで、新入社員に礼儀を教えようということになりがちです。しかし、新入社員が挨拶をしないのは、たんに、礼儀を知っているか知らないかという問題ではなく、「やさしい私」が弱くて、他人に関心がもてないという、もっと根幹的な問題のように思われます。現象にとらわれた短絡的な解決策に陥るのではなく、心のなかの私のあり方を考慮に入れた、適切な教育システムを大学が用意しない限り、データでみた1年生がそのまま社会に出ていくことになるのです。

4 五人の私の発言力を入試偏差値別にみたら

図8-2では、入試偏差値4段階の1年次生を全部ひっくるめた平均値をみました。当然、入試偏差値別にみたらどうなるかが気になるところです。

図8-3は、五人の私の状態を入試偏差値別にみたものです。なお、縦軸に示されている数値は健常な成人の平均値を50に置いた偏差値であらわされており、図8-2と同様です。グラフを概観すると、入試偏差値によってグラフの位置関係が多少異なっています。しかし、エゴグラムを解釈するうえでポイントになる、発言力の最

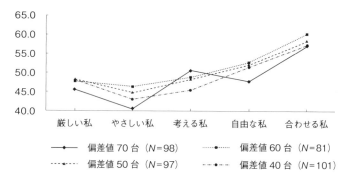

図 8-3　入試偏差値別にみた五人の私（出典：筆者調べ）

も強いところと弱いところとをみれば，先ほどの図 8-2 の場合とまったく変わっていません。すなわち，いずれの偏差値の大学の場合も，発言力の最も強いのは「合わせる私」であり，最も弱いのは「やさしい私」です。五人の私の発言力の状態からみれば，入試偏差値にかかわらず平均的にみたものと同じタイプだということができます。

　したがって，どの大学に行っても学生から受ける印象は同じはずなのです。すなわち，どの大学を訪れても，入試偏差値にかかわらず「合わせる私」が最も強くて，「やさしい私」が最も弱いのですから，どの大学の教室に入っても，そこに着席している学生たちからはいい子でよそよそしい印象を受けるはずです。ところが，検査のために訪れた各大学の教室での印象はそれぞれ顕著に異なっていたのです。

　教室で受けた印象を紹介しましょう。とびきりのいい子たちが無表情でずらっと並んで座っている，という印象を受けたのは入試偏差値 70 台の大学です。いい子は「合わせる私」の典型であり，無表情というのは，「やさしい私」が弱くて人に関心を示さないことのあらわれのようにも思われます。一方，先生からの注意には耳を貸さず，エゴグラムの検査中も近くの仲間とおしゃべりをしたり，携帯を触っていたりしたのが入試偏差値 40 台の大学です。入試偏差値 70 台の大学とあらわれ方は違っても，強い「合わせる私」と弱い「やさしい私」との成せる業のように思われます。入試偏差値 40 台の学生は，周囲の期待に応えるべくこれまで頑張ってきたにもかかわらず，意に反してうまくいかずにこの大学に来たのです。そのために，「合わせる私」のマイナス面があらわれて，それが反抗というかたちで出てきているのではないかと思われます。また，「やさしい私」が弱いので，先生とのかかわ

りがもてず，注意する先生の存在はないに等しいのです。いずれにしても，両大学にみられた正反対ともいえる印象の違いは，プラスの側面があらわれるかマイナスの側面があらわれるかの違いであって，根幹的なところは同じであるように思われます。

ところが，様子が違ったのが入試偏差値60台の大学です。そこの学生は，エゴグラムの検査には集中し，そのような意味ではいい子でした。これは，「合わせる私」が肯定的に働いている証拠だと思われます。しかし，検査が終了して退室する際には，検査の回答紙の整理に追われている筆者に，笑顔で「お疲れさまでした」などと声をかけてくれたのです。人との関係をもちたがらない，「やさしい私」が最も弱いタイプには考えられないことではないでしょうか。最後に，入試偏差値50台の大学には，入試偏差値60台と40台とにみられたタイプが混在しているというのが教室で受けた印象です。入試偏差値50台というのは滑り止めの位置づけにあることが一因になっているのか，入試偏差値60台と40台の両者が混在する宿命にあるのかもしれません。

エゴグラムの数値からは想像できない，入試偏差値60台の大学で起こった現象をどう説明したらよいのでしょうか。この点に関しては，次に取り上げる心のなかのファシリテータの存在を知れば事情が理解できるのではないでしょうか。

5 心のなかにはもう一人の私，ファシリテータがいる

じつは，心のなかには，いままで取り上げてきた五人の私以外にもう一人の私がいるのです。それが，心のなかの五人が開催する会議を適切に運営する役割を担うファシリテータとしての私です。

交流分析の提唱者バーンは，五人の私の境界は半浸透性の膜に覆われていると仮定しています（Berne, 1961）。また，ジェイムスは，心のエネルギーがその膜を浸透して自由に移行できる程度（透過性）を精神療法に活用していました（James, 1986）。すなわち，ジェイムスは，心のエネルギーが心のなかのある私から他の私へと自在に行き来できるかどうかを診断や治療のための所見の一つにしていたのです。桂ら（1997）はジェイムスの考え方にもとづいて，心のなかにいる五人の私の間を行き来するエネルギーをコントロールする力を想定して，その力に透過性調整力（PC：Permeability Control Power）という名をつけました。そのうえ，その力を測定する方法をも開発したのです。その力は心のなかにいる五人のエネルギーを

場面に応じて適切に切り替えるので，心のエネルギーが場面に応じて自在に動くことができるのです。心のエネルギーが場面に応じて自在に動くのは心が健全な証拠です。不健全な場合には，心のエネルギーの動きが滞るのです。エネルギーが自在に動くことにより心の健康が促進され，心がタフになり，対人関係もうまくいくようになります。本書では，透過性調整力がつくりだす心の健康状態に注目して，透過性調整力のことを心の健康をあらわす指標（杉山・佐々木，2006）としてとらえているのです。

この力は，心のなかにいる五人の私を状況に応じて適切に活かす働きをもっています。その働きは，構成メンバーの特性を引き出して活かす，いわばファシリテータのようです。たとえ発言力が弱い私でも，その私の発言が必要な場面ではエネルギーを回して発言を促してくれるのです。したがって，発言力の最も強い私による決定だけで行動することを避けられることになり，またエゴグラムの数値がそのままストレートに表にあらわれることもなくなるのです。その結果，周囲とのトラブルがこじれることも少なくなり，ストレスをコントロールすることも可能になります。当然，その人の人間関係は深まるとともに，参入できる世界も広がることになります。透過性調整力の値は心の健康度をあらわすとともにファシリテータとしての腕前をも示しているといってよいでしょう。

そこで，図8-4をみてみましょう。心の健康度が最も低いのは入試偏差値70台の大学で，次いで入試偏差値40台の大学です。この2大学については，エゴグラム測定時の教室の様子を先ほどみたように，肯定的側面と否定的側面との違いはあったものの，エゴグラムの数値がストレートに行動にあらわれています。それに対して，入試偏差値60台の大学の心の健康度は最も高く，健常な成人の平均値である

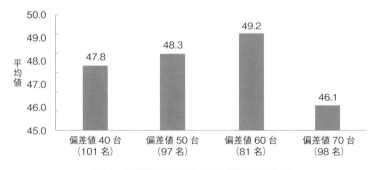

図8-4　入試偏差値別にみた心の健康度の平均値

50 に迫っています。この大学にあっても「やさしい私」が最も低いことに変わりはないのですが，心の健康度が高いため，エネルギーが動きやすく，「やさしい私」の発言を促したものと考えられます。それが，笑顔での「お疲れさまでした」なのです。以上のように解釈すれば，放置しておけば発言しない「やさしい私」を前面に押し出した心の健康状態の意味合いが理解できるのではないでしょうか。

6 心のなかの五人の私とファシリテータとの全体的な関係を概観する

ここで，図を用いて，今までにみてきたことの全体を概観してみましょう（図 8-5）。

交流分析では，心が成り立っている仕組みを大きく三つに分けたうえで，それらの働きを場面に応じて考えます。ここで，自分の生活を振り返ってみてください。自分が親や親の役割を果たしてくれた人たちに似た振る舞いや考え方をしていると感じることはないでしょうか。このようなとき，交流分析では，親や親の役割を果たしてくれた人から受けた体験の歴史的記録ともいうべきものからなっている

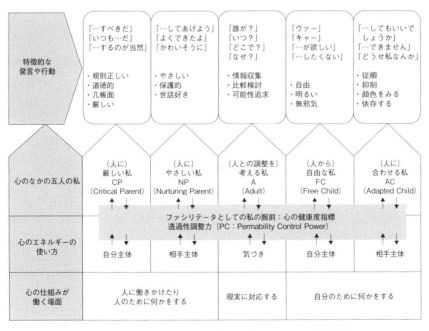

図 8-5　心のエネルギーと五人の私およびファシリテータの関係図

親（Parent）の心の状態にいると考えます．また，自分が自分の子どものときと同じように感じ，振舞っていると思うことはないでしょうか．このようなとき，交流分析では，子どもの頃の体験がもとになっている子ども（Child）の心の状態にいると考えられています．さらに，子どもでもない，両親や両親の役割を果たしてくれた人でもない，いまここで起こっていることに対して，大人としての自分が，あたかもコンピュータのように感情を抜きにして適応的に反応していると感じることはないでしょうか．このようなとき，交流分析では，成人としての客観的な判断や認識にもとづいた大人（Adult）の心の状態にいると考えられています．以上にみてきた心の状態のことを交流分析では自我状態と呼び，それらは，基本的には，親・子ども・大人の三つから成り立っていると考えられています．

これらの仕組みは場面に応じた働きをします．まず，人に働きかけたり，何かをしようとしたりするときに主にあらわれるのが，親の心の状態だと考えられています．その場合，心のエネルギーは二つの方向に使われます．一つは，自分を主体にしたエネルギーの使い方です．このような心の働きをする私を「（人に）厳しい私（CP：Critical Parent）」と呼んでいるのです．もう一つは，相手を主体にしてエネルギーを使います．このような働きをする私を「（人に）やさしいい私（NP：Nurturing Parent）」と呼んでいるのです．

次は，現実にうまく対応しようとする場面です．この場面では大人の心の状態が働き，気づきに心のエネルギーが使われます．このような働きは「（人との調整を）考える私」と呼ばれています．

最後は，自分のために何かをする場面です．この場面では，子どもの心の状態が主に働くと考えられています．そして，心のエネルギーを自分主体に使う私を「（人から）自由な私」，逆に，心のエネルギーを相手主体に使う私を「（人に）合わせる私」と呼んでいます．

心のなかには，五人の私以外にもう一人の私がいます．五人の私に向けられる心のエネルギーを状況に応じて切り替える私です．この私は，いわば五人の私が意見交換をする会議のファシリテータの役割を演じます．ファシリテータの力が強いと，心のエネルギーは場面に応じて自在に切り替わるので，場面にふさわしい行動をとることができます．このようなとき，心が健康な状態にあると考えます．逆に，ファシリテータの力が弱く，心が不健全な状態にあると，心のエネルギーが滞ってしまいます．そうすると，場面にふさわしい行動がとれなくなり，対人関係もこじれがちになってしまいます．もう一人の私，すなわちファシリテータの腕前が心の健

康を左右することになるのです。

7 健康な心によって五人の私の発言力は均等化される

　心の健康が促進され，心の健康度が高まると，心のなかの五人の私の発言力が均等化されてきます。心の健康度と五人の私の発言力との関係のあり方を，実際のデータを用いてみてみましょう。

　対象は，第6章で取り上げた770名の学生です。彼らの心の健康度（PC値）と五人の私（厳しい私：CP，優しい私：NP，考える私：A，自由な私：FC，合わせる私：AC）の発言力との関係をグラフ化してみます（図8-6）。

　図8-6では，心の健康度と五人の私の発言力との関係を心の健康度の群別にみています。心の健康度は，入試でおなじみの偏差値であらわされていますので，入試の難易度のイメージをそのまま持ち込んでみてください。全体は3群に分けてあります。偏差値が40未満の群（168名），偏差値が40以上60未満（489名），それに偏差値が60以上（113名）の3群です。

　それでは五人の私の発言力の変化をみていきましょう。心の健康状態が最も悪かったときに最も発言力の強かった「合わせる私」は心の健康が促進されるにつれて発言力を弱めています。それに対して，それ以外の私は健康が促進されるにつれて発言力を強めています。その結果，全体的にみて，五人の私の発言力が心の健康度が高まるにつれて順次均等化していくのがわかります。心の健康度のあり方の違いが一目瞭然です。

　五人の私の三つの群におけるそれぞれの差はたまたま生じたものではなく，多重

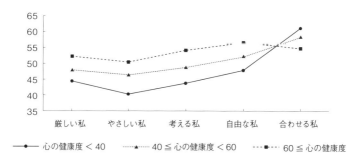

図8-6　心の健康度と五人の私の発言力との関係

比較という統計的な方法を用いてチェックしたところ，差には統計的にみて意味があるという結果になりました（☞付録⑦）。

【参考文献】
芦原　睦（1998）．『エゴグラム―あなたの心には5人家族が住んでいる。』扶桑社
桂　戴作・新里里春・水野正憲（1997）．『PC エゴグラム』適性科学研究センター
柴崎武宏（2004）．『自分が変わる・生徒が変わる交流分析』学事出版
新里里春（1992）．『交流分析療法―エゴグラムを中心に―交流分析入門』チーム医療
新里里春・水野正憲・桂　戴作・杉田峰康（1986）．『交流分析とエゴグラム』チーム医療
杉田峰康（2000a）．『新しい交流分析の実際―TA・ゲシュタルト療法の試み』創元社
杉田峰康（2000b）．『医師・ナースのための臨床交流分析入門 第2版』医歯薬出版
杉田峰康・水野正憲・岡野一央博（1982）．『心のキャッチボール―交流分析とその応用』適性科学研究センター
杉山雅美・佐々木雄二（2006）．「自我状態の透過性調整力に関する研究（2）―その促進技法，及び自己認知との関連による検討」『交流分析研究』31(2)，113-120.
豊田義博（2010）．『就活エリートの迷走』筑摩書房
Berne, E.（1961）．*Transactional analysis in psychotherapy: A systematic individual and social psychiatry*. New York: Grove Press.
James, M.（1986）．Diagnosis and treatment of ego state boundary problems. *Transactional Analysis Journal, 16*(3), 188-196.（深澤道子［訳］（1990）．「自我状態境界の諸問題の診断と治療」『交流分析研究』15(1・2), 1-13.）

09 心の健康度を高めるための実験的研究の成果

　心の健康度を高める訓練に挑戦した実験が報告されています。実験的研究をするにあたっては，実験効果の独自性を担保するために工夫がなされます。たとえば，薬の効果を調べるときには薬を与えたグループと何も与えないグループとに分けて効果の比較をします。そうすることによって，薬が本当に効いたかどうかを確かめることができるわけです。ここで紹介する心の健康度を高めるためのトレーニングの実験も，同様に，トレーニングを受けたグループと，そうではなく，普段の生活をそのまま続けたグループとに分けて実施されました。日本では，これまでに，二つの実験事例が報告されています。一つは大学生を対象にしており，もう一つは職場の人たちを対象にしたもので，いずれも実験に成功しています。

1 大学生を対象にした実験

　まず，大学生を対象にした実験の成功事例です。心の健康度の指標としての透過性調整力の必須条件（桂他，1997）にセルフコントロールがうまくできることがあげられていることに注目した杉山・佐々木（2006）は，セルフコントロール技法としての自律訓練法を活用して透過性調整力を高めることを試みました。実験の対象になったのは大学生44名です。

　まず，この実験で用いられた自律訓練法について簡単に説明しておきましょう[1]。自律訓練法は，心身医学の理論に則った技法で，たとえば，両腕両脚が温かくなるといった生理的変化を自分でコントロールすることによって心身の健康回復を図る

---

[1] 自律訓練法の説明は佐々木（1976）および池見・弟子丸（1981）によっている。

ことを目的にしています。

この目的を達成するために、自律訓練法にはいくつかの練習が用意されています。そのなかですべての練習の基盤になっているのが標準練習です。ここで紹介する実験では、被験者の既往症に配慮して一部の練習を除外したケースを別にして、この標準練習の全段階が用いられています。

標準練習は次の七段階から構成されています。いずれも、定められた言葉を心のなかでゆっくりと繰り返し、その言葉通りの生理的変化につながることを目指しています。

(1) 背景公式（安静練習）:「気持ちが（とても）落ち着いている」
(2) 第一公式（重感練習）:「両腕両脚が重たい」
(3) 第二公式（温感練習）:「両腕両脚が温かい」
(4) 第三公式（心臓調整）:「心臓が静かに規則正しく打っている」
(5) 第四公式（呼吸調整）:「楽に呼吸している（あるいは、呼吸が楽だ）」
(6) 第五公式（腹部温感練習）:「太陽神経叢（あるいはお腹）が温かい」
(7) 第六公式（額涼感練習）:「額が（こころよく）涼しい」

心のなかで言葉を繰り返しただけで、言葉通りの生理的変化が生じるといわれてもにわかに信じることはできないかもしれませんが、リラックスした状態でやればその通りになるものです。その証拠に、この実験の被験者たちには一定の効果が確かめられているのです。

実験の概要は表9-1のとおりです。

表9-1 実験の概要（大学生）

(1) 実験対象者	大学生	①自律訓練を受けたグループ（実験群）:20名（男子:7名 女子:13名） ②自律訓練を受けずに、普段通りに8週間を過ごすグループ（統制群）:24名（男子:6名 女子:18名）
(2) 実験期間および内容		①実験期間:8週間 ②実験群:週1回集まって3-5分程度の練習を2回以上実施し、既往症などを考慮して例外的に練習をスキップしたケースもあるが、原則として7段階の標準練習すべてを実施した。 ③実験群、統制群ともに初回集合時にPCエゴグラムの事前検査をした。実験群にあっては最終回にPCエゴグラムの事後検査を実施し、統制群にあっては8週間後に郵送により事後検査を行った。実験群に対しては自律訓練効果の測定を事後に実施した。

表9-1 実験の概要（大学生）（つづき）

(3) 実験結果	①自律訓練の練習効果：公式1-6に関する生理的変化の自己評定（7段階評定）の結果の平均値はすべて真ん中の段階である4を超えており，自律訓練の効果があったと考えられる。 ②心の健康度をあらわす指標としての透過性調整力平均値の変化：実験の結果は，当初の想定通りに，自律訓練によって心の健康度の指標としての透過性調整力が高まった。実験に用いられたPCエゴグラムの透過性調整力の値は0-20点の素点であらわされており，実験群の平均値は事前9.90から事後12.50に上昇した。透過性調整力で測定した心の健康度の平均値が26.3％高まったことになる。それに対して，統制群の平均値は事前10.83から事後10.17とわずかながら減少した。統計的に検定してみると，実験群の場合には有意な差が認められたが，統制群の差には有意性がみられなかった（☞付録⑧）。この実験結果は次のようなことを示唆している。すなわち，学生の普段の生活には透過性調整力を高める機会はまずないと考えられ，自律訓練は透過性調整力を独自的に高めたとみることができる。

2 社会人を対象にした実験

次は職場で実施された社会人を対象にした実験の成功事例です。透過性調整力の高い人は心のエネルギーをそれぞれの場面に応じて適切に使うことができるので対人交流がうまくいくようになるといわれています（桂他，1997）。そこで，乃美ら（2006）は場面に応じた自己表現が適切に行えるようになる訓練をすれば透過性調整力もた高まるのではないかと考えて，この実験を実施しました。

実施された実験を紹介する前に，この実験の要になっている自己表現の訓練について説明しておきましょう[2]。ここでいっている自己表現というのは英語のアサーション（assertion）の訳語なのですが，適切な日本語が見当たらず，原語のままアサーションといわれることもよくあります。アサーションにニュアンスを添えてあえて日本語にするとすれば「さわやかな自己表現」あるいは「自他尊重のコミュニケーション」という意味合いになります。自分の言いたいことを言い損なって無力感に襲われたり，強引に主張しすぎて関係がまずくなり後悔した覚えは誰しもあることだろうと思います。このような思いをすることなく豊かな人間関係を築き上げる道を探るために，アサーション・トレーニングでは，相互尊重のコミュニケーシ

2）この部分の説明は平木（2009）によっている。

ョンの考え方や進め方とを体験します。

アサーション・トレーニングにはさまざまな方法が開発されていますが，ここで紹介する実験にあっては次の三つのステップを踏んでトレーニングが進められました。

- ●ステップ1：自分自身の気持ちや考えを正確にとらえたうえで表現しようとする内容を明確にする。
- ●ステップ2：周囲の状況や相手を観察して事実を客観的にとらえ，相互に共有できる話し合いの基盤のうえにたって自分の考えを表現する。
- ●ステップ3：互いを尊重し受け入れて，葛藤を避けることなくお互いに歩み寄る。

実験は，職場のストレスマネジメントに関する公開講座の場を借りて行われたため，公開講座と実験との兼ね合いによるものだと思われますが，少し複雑な仕組みで実施されています。そこで，実験の仕組みをそのまま紹介してわかりにくくなるのを避けるために，実験の趣旨をある程度単純化して説明することにします。

表9-2　実験の概要（社会人）

(1) 実験対象者	看護職員	①アサーション・トレーニングを受けたグループ（実験群）：17名（男性：1名　女性：16名　平均年齢：41.5歳）
		②アサーション・トレーニングを受けずに，1か月間を普段通りに過ごすグループ（統制群）：14名（男性：1名　女性：13名　平均年齢：43.0歳）
(2) 実験期間および内容		①実験期間：1か月
		②実験群：1か月間にわたって，上に紹介した三つのステップを踏んだ講座を実施した。
		③実験群，統制群ともに事前・事後にPCエゴグラムの検査をした。また，実験群・統制群ともに，アサーション・トレーニングの効果を測定し，トレーニングの独自性を確認するために，アサーション的傾向の測定を事前・事後に実施した。
(3) 実験結果		①アサーション・トレーニングの効果：アサーション的な傾向を事前・事後について測定して，統計的に検定（☞付録⑨）した結果，アサーション・トレーニングの成果が認められた。また，アサーション・トレーニング効果の独自性も確認され，仕事も含めた日常生活のなかでアサーション的な傾向を高める機会があるとは考えにくいことが示唆された。

表 9-2　実験の概要（社会人）（つづき）

(3) 実験結果（つづき）	②心の健康度をあらわす指標としての透過性調整力平均値の変化：実験の結果は，当初の思い通りにアサーション・トレーニングによって心の健康度の指標としての透過性調整力が高まった。実験に用いられた PC エゴグラムの透過性調整力の値は，すでに述べたように 0-20点の素点であらわされており，実験群の平均値は事前 12.45 から事後 14.82 に上昇していた。透過性調整力で測定した心の健康度の平均値が 19.0％高まっている。それに対して，統制群の平均値は事前 12.18 から事後 12.00 とわずかながら減少していた。統計的に検定してみると，実験群の場合には有意な差が認められたが，統制群の差には有意性がみられなかった（☞付録⑩）。この実験結果は次のようなことを示唆している。すなわち，職に就いている社会人の場合にも，仕事も含めて日常の生活には透過性調整力を高める機会はまずないと考えられ，アサーション・トレーニングは透過性調整力を独自的に高めたとみることができる。

【参考文献】

池見酉次郎・弟子丸泰仙（1981）．『セルフ・コントロールと禅』日本放送出版協会

桂　戴作・新里里春・水野正憲（1997）．『PC エゴグラム』適性科学研究センター

佐々木雄二（1976）．『自律訓練法の実際―心身の健康のために』創元社

杉山雅美・佐々木雄二（2006）．「自我状態の透過性調整力に関する研究（2）―その促進技法，及び自己認知との関連による検討」『交流分析研究』31(2), 113-120.

乃美亜維子・馬場園明・荒木登茂子（2006）．「看護職員を対象にしたアサーショントレーニングは透過性調整力を向上させるか」『医療福祉経営マーケティング研究』1(1), 9-17.

平木典子（2009）．『アサーション・トレーニング―さわやかな「自己表現」のために 改訂版』金子書房

10 アクティブ・ラーニングを使い分けて教育効果を高める

　前章では，心の健康度を高める実験の成功事例を二つ紹介しました。この章では筆者の本務校だった京都産業大学での成功事例を紹介します。

　ここで紹介する事例は二つの特徴をもっています。まず，先の実験例は，自律訓練法やアサーション・トレーニングといった，かなり専門的なバックグラウンドを必要とする事例でした。ところが本章の事例は，特別な実験ではなく，通常の授業として展開されているものです。10を超えるクラスは，それぞれ個々に自分の専門をもっている教員たちが担当しています。彼らは，自律訓練法やアサーション・トレーニングに精通しているとは限りません。したがって，授業展開のための特別な専門性を要求されていないという意味で，汎用性のある事例だといえます。

　第二の特徴は，課題解決（PBL）型のアクティブ・ラーニングを教育目的に応じて使い分けるために，二段構えの仕組みになっている点です。第一段階は，心の健康を促進することによって主体性を阻害している要因を取り除いて，主体性を自噴させるための課題解決型アクティブ・ラーニングです。第二段階では，第一段階を終えたことによって心の健康が促進された学生たちが，企業や地域などから提供された課題に主体的に挑戦し，現実に近い課題解決のプロセスを体験することで課題解決力の洗練を図ります。

1　2種のアクティブ・ラーニングが心の健康度に及ぼす効果

　京都産業大学では，2008年度から課題解決型授業を実施していますが，現在のような二段構えの仕組みがスタートしたのは2012年度からです。しかし，初年度は仕組みが十分整っておらず，現在の仕組みが完成したのは翌年の2013年度です。

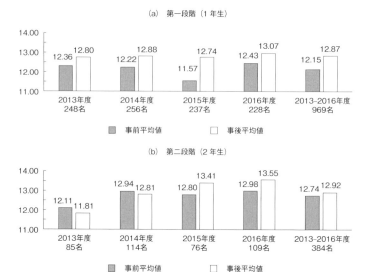

図 10-1 心の健康度平均値事前・事後年度別比較

そこで，二つの仕組みが心の健康度に及ぼす効果を 2013–2016 年度の 4 年間にわたってみてみましょう（図 10-1）。なお，測定には PC エゴグラムが用いられています。したがって，値は 0–20 の素点で示されており，12 点が健常な成人の平均値に相当します。

まず，1 年生を対象にしている第一段階です（図 10-1 (a)）。ここでは，課題解決型の授業スタイルをとっていますが，心の健康促進を目指した授業が組まれています。その具体的な仕組みについては後で述べることにして，まず，その成果をみてみましょう。各年度とも事後の平均値が事前の平均値を上回っています。本当に事後の方が上回っているのかどうかを統計的にチェックしてみました（☞付録⑪）。そうすると，すべてが統計的チェックをクリアしています。このことは，心の健康促進を目指す第一段階の授業はその目的を達成できているということを示唆しています。

次は，2 年生を対象にしている第二段階です（図 10-1 (b)）。第二段階は，すでに述べたように，現実に近い課題に挑戦する過程からの学びを目的にしています。2013・2014 年度の平均値は減少しています。それに対して，2015・2016 年度では増加を示しています。4 年間を通してみると，わずかばかりの増加を示しています。

第一段階の場合と同様に、本当に増加・減少があったとみてよいのかどうかを統計的にチェックしてみました（☞付録⑪）。そうすると、すべてが、統計的なチェックをクリアできていませんでした。第二段階の場合には事前・事後の間に差はあっても、統計的にみれば差があるとはいいがたいのです。このことは、第二段階は、課題解決に関する学びがあったにしろ、心の健康促進には無力だったことを示唆しています。その原因は本章第3節で明らかにします。

以上のことは、次の二つのことを示唆しています。すなわち、一つは、学生にアクティブ・ラーニングをやらせれば主体性を発揮するようになるというのは、そう思っている人たちの思い込みにすぎないということです。学生が主体性を発揮するようになるためには、同じアクティブ・ラーニングであっても、それに見合った仕組みを用意する必要があるのです。

次は、現実に近い課題に挑戦する前に、学生の心の健康度を高めておくことが必要です。すでにみたように、学生の心の健康度はそんなに高くありません。しかも、すでに紹介した自律訓練法を用いた実験が示唆しているように、普段の学生生活のなかに心の健康度を高める機会はまずないと考えられます。そうすると、現実に近い課題に挑む前に、主体性発揮を阻害している要因を取り除いておく必要があります。一般に、課題解決に必要なスキルに気をとられがちですが、そのことはさておいて、主体性阻害要因を除去することの方が先決問題なのです。京都産業大学で課題解決型授業を担当してきた私たちは、主体性が発揮されれば、独自な学びが一人ひとりに自然に生まれてくると思っています。私たちは、先に予定されている学びを豊かにするために、課題解決に必要なスキルの習得をあえて犠牲にする二段階方式のことを、経済学の迂回生産に倣って迂回教育と呼んでいます。そこで、次に、京都産業大学で実施している第一段階の授業の仕組みを紹介しましょう[1]。

2 心の健康促進をねらった教育の仕組み

第一段階の教育は1年次の秋学期15週間（週1回）で行われます。1クラス概ね20名が目安になっています。ここで、第一段階の教育の仕組みを紹介するにあたって、網羅的な説明は避けて、主体性阻害要因の除去に役立つ六つのポイントに焦点を絞り込みましょう。

---

1) 京都産業大学の課題解決型授業については、後藤ら（2017）をご参照ください。

❖ 2-1　教員が学生と接する心構え

　学生と接するにあたり，教員や事務職員は常にコーチングやファシリテーションの精神をもって接します。コーチングやファシリテーションの神髄は相手を認めるところにあります。他者から認められることは，すでに第2章や第6章でみたように，主体性阻害要因を取り除くのに必須の大切な環境になります。もっとも，関係者全員がコーチングやファシリテーションに精通しているわけではありません。しかし，コーチングやファシリテーションの専門家を非常勤講師に迎え入れて，毎授業終了後に実施されている振り返りミーティングでの情報共有などを介して彼らを見習い，その心構えの大切さは理解しています。このような好条件に恵まれていることもあって，関係者は，コーチングやファシリテーションの心構えを常に意識して学生と接することに気を配っています。

❖ 2-2　プラスのストローク

　交流分析の分野では，相手を認める行動すべてをストロークと呼んでいます。そして，人が心身ともに健康でいるためにはストロークが不可欠だといわれています（スチュアート・ジョインズ，2012）。そのような意味で，ストロークは「心の栄養」といわれることもあります。ストローク（stroke）は，もともと，「なでる」とか「さする」とかいう意味で，幼児がなでたりさすったりされることで自分の存在を認められていることを覚えることから，そう呼ばれるようになったといわれています。

　ストロークにはプラスのストロークとマイナスのストロークとの2種類があります。愛情や承認，報酬など，受け取って快適なものがプラスのストロークです。これには，ただたんに朝晩の挨拶を交わすという表面的なものから，たとえば，自分の話を心から聞いてもらえて，自分の感情や考えを本当に理解してもらえたというような密度の濃い人間的な触れ合いまで，さまざまなレベルのものがあります。それに対して，憎んだり，傷つけたりする不快で非建設的なものをマイナスのストロークといいます。マイナスのストロークの奥には相手を拒絶したり，価値のない人間だとみなす気持ちが潜んでいるといわれています（杉田，1990）。

　プラスのストロークを受け取った側では，そのことが他者からの承認を得たことにつながり，ストロークを与えた側には他者肯定感を誘発します。当然，このことは，受け手側の主体性阻害要因を取り除くことにつながるとともに，他者肯定感によって与えた側にとっても自己中心的傾向が避けられ，主体性が望ましい方向に向かうことになります。この授業では，ストロークのことを学ぶワークショップが設

定されていますが，教員はいうにおよばず学生にもプラスのストロークを与えるように，授業中のみならず日常的にもそのことを習慣づけることを勧めています。

❖ 2-3 アクティブ・リスニング

相手の話を心から聴いてあげることは，先ほども触れたように，話し手に対するプラスのストロークそのものです。したがって，アクティブ・リスニングが話し手の主体性阻害要因除去に効果的であることは指摘するまでもありません。この授業では，アクティブ・リスニングを体験するワークショップが設定されているうえに，毎授業開始時にアクティブ・リスニングを実践する仕組みが用意されています。授業開始時にクラスのメンバーで二人一組のペアをつくり，そのペアでアクティブ・リスニングを交代で行います。話題は「この1週間で楽しかったこと，ワクワクしたこと」で，一方はその話題で2分間話します。他方は聴き手になり，アクティブ・リスニングを実践するわけです。教室がハチの巣を突っついたようになります。これを毎時間繰り返し，アクティブ・リスニングを習慣化するとともに，話し手には，心から聴いてもらうことが自分にとっていかに心地よいものであるのかを実感してもらい，好循環が生まれることをねらったものです。

❖ 2-4 アサーション

アサーションが主体性阻害要因を取り除くのに有効だということは第9章の実験事例で紹介しました。この授業には，全クラス共通の教材を用いた簡単なアサーションのワークショップが段階的に組み込まれています。

❖ 2-5 エゴグラムの活用

エゴグラムを活用して心の健康促進を図ることができます。この授業では，エゴグラムを確実に活用することをサポートする仕組みを用意しています。

すでに述べたように，心が健康な状態というのは，心のなかの五人の私を適切なときに適切に使える状態のことでした。そのような人の心の健康度を示す指標としての透過性調整力は高い値を示します。この透過性調整力を上げるためには，エネルギーが弱くて適切なときに発言できない心のなかの私を意識的に喚起すればよいことになります。そのためには，エゴグラムをみて，最も低い私を高める言動や行動，態度などを意識して実行することを続けます。そうすることにより，自己変容が起こり（新里他, 1986)，心のなかの私たちの発言力のバランスに変化が生じて，

心の健康が促進されるのです。

そこで，本授業では，エゴグラムのなかで最も低い私を意識して行動できるようにするために，自分のエゴグラムの最も低い私に関して次にあげる事例（後藤，2017）のなかから一つの行動を選択してもらいます。そして，それを，1学期間（15週間）の行動目標として掲げ，目標達成を目指して努力してもらいます。目標の行動を忘れず意識し続けてもらうために，週ごとに振り返り記録を提出してもらいます。

① 「厳しい私（CP）」が最も低い人
・「私は……と思う」とはっきり自分の考えを述べる
・自分の意見をもち，それを主張する
・決めたことを最後まできちんとやる
・これで本当に満足していいのだろうか，と要求水準を高くもつ
・これは私の立場や年齢にふさわしい姿だろうかと考え，自分に厳しくする
・何かひとつ最後までゆずらずにがんばってみる
・今日できることは，今日のうちにすませる
・時間や金銭にやかましくなる
・まあいいや，なんとかなるという態度をやめ，責任をもつようにする
・約束や取り決めはきちんと守り，人にもそれを要求する
・どっちでもいいと考えるのではなく，自分の責任でどちらかに決める
・好き嫌いをはっきり言う

② 「やさしい私（NP）」が最も低い人
・相手に対して個人的な関心を示す
・世話役などをすすんでひきうける
・相手の好ましい点，良い点をみつけてほめる
・相手の気持ちや感情を理解するように心がける
・自分からすすんであいさつをする
・困っている人を見たら，すすんで手を貸すようにする
・減点主義ではなく加点主義をとり，良い面を中心に相手をみるようにする
・相手のいやな面は無視する
・機会をとらえて，小さな贈り物をしたり，やさしい言葉をかけたりする
・弱い立場にある人の世話をしたり援助をしたりする
・細かいことにはこだわらず，相手のためになるよう行動する
・他人に小さな親切をする

③ 「考える私（A）」が最も低い人
・物事を分析し，そのなかになんらかの規則性がみられないかを調べる
・言いたいことやしたいことを文章にする
・同じ状況で他の人ならどう判断し行動するかを考える
・相手の話の内容を「……ということですか」と確かめるようにする
・新聞の社説を読んだり，かたい内容の本を読むように心がける
・1年間，1か月，1週間，1日の計画を立てて，計画的に行動する
・筋道をたてて論理的に考える

③「考える私（A）」が最も低い人（つづき）
・人の話をうのみにするのではなく，自分で納得いくまで確かめるようにする
・自分の行動にムダなところがないか反省するよう心がける
・あたりまえと思わずに，なぜだろうと考え，いろいろ調べてみる
・問題全体を分析し，結末を予測してみる
・新しいものごとに注意を向け，自分で調べるようにする

④「自由な私（FC）」が最も低い人
・積極的に娯楽（スポーツ・映画・テレビなど）を楽しむ
・芸術（絵・音楽・俳句など）を楽しむ
・不快感に多くの時間を費やさず，気分転換して楽しいことを考えてみる
・心から楽しめるような趣味をもつようにする
・今までやったことのない新しいことに取り組んでみる
・自分からすすんでみんなの仲間に入っていくように心がける
・おいしい，うれしいというような気持ちを素直に表現する
・短く楽しい空想をときどき楽しむ
・ユーモアや冗談を言って人を笑わせる
・童心にかえって子どもといっしょに遊ぶ
・生活のなかに自分が楽しめる遊びの時間を増やす
・身振り手振りを大げさにして話す

⑤「合わせる私（AC）」が最も低い人
・相手をたて，相手の立場を優先するよう心がける
・自分がしゃべるよりも，相手の話を聞くことを中心にする
・相手がどう感じたかを確かめ，相手の気を悪くさせない配慮をする
・相手に遠慮し，妥協するよう心がける
・相手に反論せず，相手の言うことに従ってみる
・相手の気持ちを気づかう
・相手の顔色をうかがって行動してみる
・相手の許可を得る
・言いたいことがあっても，三つに一つは言わずにがまんする
・何かをするとき相手の許可を得てからするように心がける
・後輩や子どもの言うことに従ってみる
・批判せずに言われたとおりに行動してみる

❖ 2-6 身近な課題を通して課題解決プロセスの基本を体験し，プラスのストローク，アクティブ・リスニング，アサーションの実践の場にする

　後半の5週間を用いて，身近な課題を提供して課題解決の基本的なプロセスを体験します。課題解決のプロセスを体験することも大切ですが，前半に学んだ，①プラスのストローク，②アクティブ・リスニング，③アサーション，④エゴグラムの最も低いところを高めるの四つを課題解決しながら体験的に実践することを学生たちに意識させることに力点を置いています。

身近な課題というのは，たんなる調べものという意味ではなく，学生が興味をもって行う活動をともなうもので，実際に用いられた課題を例にあげれば，たとえば次のようなものです。

「最強のデート・コースを提案せよ」
「見知らぬ誰かを笑顔にして来て下さい。そして，そのプロセスを5分間の映像作品にして下さい」
「京都産業大学のキラー・コンテンツを提案せよ」

---

3 心の健康促進をねらった教育の具体的効果

1年生を対象にしている第一段階では，エゴグラムのなかで最も低い私を高める言動をとる訓練をしました。もちろん第一段階では，それ以外にも，プラスのストロークやアクティブ・リスニング，アサーションといった，心の健康促進に効果的だと思われることを組み合わせています。したがって，図10-1でみたような心の健康を促進させた効果は，おそらく複合的で，特定のものに絞り込むことは難しいことだと思われます。それでも，エゴグラムのなかで最も低い私を高める言動をとる訓練が功を奏したかどうかは気になるところです。

そこで，エゴグラムが事前・事後でどんな変化をみせたのかをチェックしてみましょう。結果は図10-2に示してあります。図10-2の（a）は1年生を対象にした第一段階のもので，（b）は2年生を対象にした第二段階のものです。対象になっている学生は図10-1のものと同じです。

図10-2の（a）も（b）も，心の健康度と「五人の私」との間にある関係通りの動きを示しています。受講した学生たち1,157名のデータを分析してみると，「厳しい私」や「やさしい私」「考える私」「自由な私」と「心の健康度」とは同じ方向に動きます。そして，「合わせる私」だけが逆の関係にあります（☞付録⑫）。五人の私は，図10-2（a），（b）どちらも「心の健康度」を高める方向に動いています。

しかし，両者を詳細に比較してみると違いがみえてきます。図10-2（a）のCP，NP，A，FCは事後の方が事前に比べて値が大きくなっていますが，ACは事後の方が小さくなっています。しかも，その差は統計的にみても意味のある差です（☞付録⑬）。それに対して，図10-2（b）で統計的にみて意味のある差を示しているの

10　アクティブ・ラーニングを使い分けて教育効果を高める　*91*

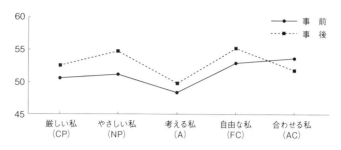

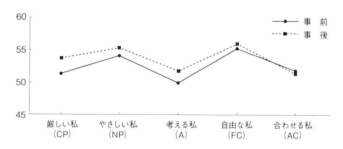

図 10-2　最も低い私を高める訓練の効果
注）PC エゴグラムで測定された素点を PC エゴグラム用偏差値目盛りのグラフ（適正科学研究センター）上に描いたものである。

は CP，NP，A の三つで，FC と AC とには差はありますが，その差は統計的に有意なものではありません（☞付録⑬）。2 年生が対象の第二段階で FC と AC とが十分に変化しきれなかったところに心の健康が十分に促進されなかった理由が潜んでいるように思われます。

その理由を考えてみましょう。まず，心の健康促進のために特別の訓練を課していない第二段階にあっても CP，NP，A が高まる機会があったことを図 10-2（b）は示しています。すなわち，CP と NP とに関しては，課題解決にチームであたっている間に，人に働きかけたり，人のために何かをしたりする場面があり，その場面が有効に活用されたことを意味しています。また，A に関しては，チームで課題解決にあたっている間に，人との調整をしながら現実に対応する場面に出会い，その場面が有効に活用されたことを意味しています。具体的には，課題解決活動をして

いる間に次のようなシーンが繰り返され，そのシーンにふさわしい発言や態度をとることが習慣化したことが考えられます。以下，新里ら（1986）を参考にしながら，それがどのようなものなのかを例示してみましょう。

(1) CP を高める発言や態度

CP が低い人には，自分の主張ができずに相手に譲ってしまう傾向があります。そのことから類推すると，CP が高まった人は，チームで課題解決をしながら，次のようなことを経験したことが考えられます。

①高まることを促す発言

- 「私は……と思う」とはっきりと自分の考えを述べる
- 「……は好きだ」「……は嫌いだ」と好き嫌いをしっかり表明する
- 「決めたことはきちんとやろう」と自問したり発言したりする
- 「これで本当に満足していいのだろうか」と自問したり発言したりする
- 「これは私の立場（あるいは年齢）にふさわしい姿だろうか」と自問したり発言したりする

②高まることを促す態度

- 時間にやかましくなる
- 仲間の間違いを努めてその場で叱る

(2) NP を高める発言や態度

NP が低い人には，人の世話をしたり，人を褒めたりすることがほとんどないといわれています。そのことから類推すると，NP が高まった人には，チームで課題解決をしながら，次のような経験をしたことが考えられます。

① 高まることを促す発言

- 「そこがあなたのいい点ですよ」とか「よくできたね」と仲間を褒める発言
- 「内心はイヤだったのね」と仲間の気持ちや感情を認める発言
- 「君は，このチームには欠かせないよ」と仲間を認める発言

② 高まることを促す態度

- 仲間の行動に個人的な関心を示す
- 仲間のネガティブな言葉や態度には反応しない

(3) A を高める発言や態度

A が低い人は，計画を立てて，冷静かつ合理的に行動するのが苦手だといわれています。そのことから考えると，A が高まった人には，チームで課題解決をしながら，次のような経験をしたことが考えられます。

①高まることを促す発言

- 「もう少し詳しく説明して下さい」と疑問を残したままにしない発言
- 相手の話の内容を「……ということですか」と確かめる発言
- 「あなたの一番言いたいことは？」と問い直し，あいまいなままに放置しない発言

②高まることを促す態度

- 物事を分析し，そこに何らかのルールやパターンがないかを確かめる態度
- 言いたいことやしたいことを文章にする態度
- 同じ状況で，他の人ならどう考え，どう行動するかを考える態度

一方，FCが十分に伸びず，ACが十分に下がらなかったのは，自分のために何かをする場面がうまく活用されなかったことを意味しています。FCについては，自分の感情をストレートに出すことが十分にできなかったことが考えられます。FCが低い人は生き生きとした自然の感情をうまく出すことができないといわれています。このように考えると，自分の感情が出しやすい環境づくりに配慮された第一段階では自分の感情をストレートに出せて，FCも十分伸ばせたにもかかわらず，第二段階で課題解決にあたっているときには，自分の感情を出す機会があるにもかかわらず，その機会を逸していたことが想像されます。現実社会に近い環境が想定されているだけに，第二段階のきびしさがうかがえます。また，ACが十分に下がらなかったのは，実社会に近いきびしい環境のもとで，言うべきことを控えてしまうようなことが生じたのではないかと思われます。

　ところで，FCが十分に伸びず，ACが十分に下がらなかった以上の実態を別の切り口から調査研究した結果の報告があります。木原・伊吹（2018）は，課題解決型授業において受講生が体験する学外者との交流がもたらす効果に疑問を抱き，受講生を対象にしたアンケートならびにインタビュー調査をしました。まず，アンケートの結果を分析してみると，学外者との交流が多いほど受講生の心理的ハードルが事前の状態に比べて高くなっていることがわかったのです。そこで，インタビューしてみると，交流の機会を多くもった受講生からは学外者との交流の難しさを実感したとの感想を述べています。このような分析結果を踏まえて，伊吹・木原（2018）は，受講することにより受講生の自己評価が下がり，場合によっては自己肯定感が下がる可能性が大いにありうることを指摘しています。

　木原・伊吹（2018）の以上の考察は，図10-2のエゴグラムの事前・事後変化の様子を見事に読み解いています。なぜなら，FCの背後には自己肯定感があり，両者は正の相関関係にあります。逆に，ACの背後には自己否定感があり，ACと自己肯定感とは負の相関関係にあります。本書の分析と伊吹・木原の分析とが相俟って，両者の信ぴょう性が一段と高まったことになります。

【参考文献】
木原麻子・伊吹勇亮（2018）．「課題解決型授業における学外者との交流経験と受講生の活動および心理的な変化の関係」『高等教育フォーラム』*4*, 1-8.
後藤文彦［監修］／伊吹勇亮・木原麻子［編著］（2017）．『課題解決型授業への挑戦―プ

ロジェクト・ベースト・ラーニングの実践と評価』ナカニシヤ出版
新里里春・水野正憲・桂　戴作・杉田峰康（1986）.『交流分析とエゴグラム』チーム医療
杉田峰康（1990）.『医師・ナースのための臨床交流分析入門』医歯薬出版
スチュアート, I.・ジョインズ, V.／深沢道子［監訳］（1991）.『TA Today—最新・交流
　　分析入門』実務教育出版

あ と が き

　思考力重視を謳いながら思考力の低下をかえって招いてしまった戦後教育の二の舞を演じさせまい，という思いに駆られながらここまで筆を進めてきました。このような思いが達せられているのかどうかはここまで読み続けていただいた皆様の主体的な判断に委ねたいと思います。しかし，許されるなら，最後に，私の主観的な感想を述べて，本書の締めくくりにさせていただきたいと思います。

　アクティブ・ラーニングが登場した背景の一つとして教授学習パラダイムの転換があげられます。学びの主体が教授者から学び手に転換したのです。言い換えれば，教育の視座が教えるから学ぶに転換したのです。そして，その学習法としてアクティブ・ラーニングが登場したといわれています。

　パラダイムの転換を促した直接的要因として，溝上（2014）は高等教育の大衆化に起因する教育の困難化をあげています。大衆化にともなって，学生が多様化したことで，学びの動機もさまざまになり，目的意識が希薄化し，そのことが教育の困難化を招いたのです。そして，そのような状況を打開する学習法としてアクティブ・ラーニングが登場したと考えられているのです。

　アクティブ・ラーニングが普及する段階では，「どうすればよいのだろう」というのが教育現場の率直な思いではないでしょうか。思考力重視教育が推し進められたときも，教育現場では同様のことが起きていました。当時を振り返った研究にはそのときの様子が鮮明に描写されています。学習活動の展開パターンに教育現場の注意が集中し，学び手の思考が置き去りにされていたことが指摘されているのです（藤井, 1995）。不案内なことをしなければならない現場がハウ・ツーに走るのは当然の帰結だろうと思われます。アクティブ・ラーニングについて，明日からの授業ですぐに役立つような本はごまんとあるといわれているのはその証になるでしょう（溝上, 2014）。このようにアクティブ・ラーニングをめぐる状況は，戦後の思考力重視教育の場合と同じだといってもよいのではないでしょうか。

　思考力重視教育を振り返って，その失敗の要因を追求する試みがなされています。そこでなされている反省をいま実施されているアクティブ・ラーニングのケースに応用しないのは実にもったいない話です。いくつかあげられている要因のなかの一つに，思考力養成に関する理論的研究や，その理論を実践で実証する研究が十分でなかったことがあげられています（瀬川, 1995）。

主体的学びを目指したアクティブ・ラーニングにも同様のことが起きてはいないでしょうか。学びの主体が学び手の方に移りました。なるほど、学び手の多様性は認識されています。しかし、学び手の多様性を主体性の視点からみて研究することや実践を通して実証的に研究することは十分になされているのでしょうか。

　ところで、昨今、アクティブ・ラーニングを考えるとき、学習の形態ではなく学習の質に目が向けられ始めました（松下・京都大学高等教育研究開発推進センター，2015）。そこでは、学び手の意図（エントウィスル，2010）や関与（バークレー，2015）といった学び手の問題が取り上げられています。しかし、意図や関与に関する考察も、残念ながら、学び手の内面まで入り込むことなく終わっています。そのスタンスは学び手を外から観察するだけで終わっているように思えてなりません。

　このようななか、学び手の心のなかにまで入り込んだ研究をしているにもかかわらず、それほど注目されないままになっているものがいくつか見受けられます。本書は、そのような貴重な研究を足がかりにして、これまで思いを共有してきた仲間と協働しながら、現場で長年蓄積してきたデータを用いて実証的に検証したものです。

　しかし、本音をいえば、検証の方法にはまだ十分満足しきれていないという気持ちが残ってます。本書では、多様な学び手を二分して考えています。すなわち、主体性阻害要因をもっている学び手とそうではない学び手とに二分しています。しかし、いまは、主体性阻害要因をもっている学び手は、さらに二分しなければいけないのではないかと思い始めています。すなわち、同じ阻害要因をもっている学び手であっても、第8章第4節でみた「合わせる私」がプラスに出ている学び手とマイナスに出ている学び手とではアプローチを変えないといけないのでなないかと考えているのです。すでに現場を離れた身ではありますが、機会に恵まれれば、自身のもっている仮説に是非挑戦してみたいと思っています。

【参考文献】

エントウィスル, N.／山口栄一［訳］（2010）．『学生の理解を重視する大学授業』玉川大学出版部（Entwistle, N. (2009). *Teaching for understanding at university: Deep approaches and distinctive ways of thinking*. Basingstoke: Palgrave Macmillan.）

瀬川榮志（1995）．「本質の究明不足と理論的根拠に基づく実践の不徹底」『現代教育科学』38(10), 17-20.

バークレー, E. F.（2015）．「学生の関与の重要性―関与の条件―大学授業への学生の関与

を理解し促すということ」松下佳代・京都大学高等教育研究開発推進センター［編著］『ディープ・アクティブラーニング―大学授業を深化させるために』勁草書房
藤井千春（1995）.「26年版学習指導要領の問題点―経験主義教育思想の発展の阻害・学習活動の展開パターンの優先」『現代教育科学』38(10), 33-36.
松下佳代・京都大学高等教育研究開発推進センター［編著］（2015）.『ディープ・アクティブラーニング―大学授業を深化させるために』勁草書房
溝上慎一（2014）.『アクティブラーニングと教授学習パラダイムの転換』東信堂

付録① 主体性テスト

■積極的な行動
1. あなたは，やることを人に言われなくても時間や場所などを考えて自分から進んでしますか
2. あなたは，結果を気にせせ，とにかく取り組むことができますか
3. あなたは，つまずいたとき，自分なりの考えで乗り越えようとしますか
4. あなたは，自分一人でもやってみようという気持ちが強く，失敗をおそれずやることができますか

■自己決定力
5. あなたは，自分が考え出したよい意見でも，みんなに反対されると，理由をよく調べないで，すぐ取り消してしまいますか
6. あなたは，やろうと思うことも，人からだめだとけなされると，すぐ自信がなくなってしまいますか
7. あなたは，自分一人でやることでも自分だけでは不安なので，友達と一緒にすることが多いですか
8. あなたは，よく考えもしないで，友達の言葉を，すぐ信じてしまうことが多い方ですか

■自己を方向付けるもの
9. あなたは，熱中しているもの（趣味・スポーツ・音楽など）を持っていますか
10. あなたは色々なことについて，おもしろい，やってみたいという気持ちがありますか
11. あなたは大きな目標を持ち，それができるようにこつこつ取り組みますか
12. あなたは，自分のしていることが，よいか，悪いかが分かりますか

■自己表現
13. あなたは，自分の考えを言うことができますか（発表だけではなく，文や絵や身体表現でも）
14. あなたは，自分の言葉で自分の考えをいえますか
15. あなたは，今までやってきたことをもとにして，遊びの中などで自分の考え方や工夫を出すことができますか
16. あなたは，自分の考えを持って，進んで自分から言いますか

■好奇心
17. あなたは，新しいことをどんどんやってみる気持ちがありますか
18. あなたは，分からないことはすぐに自分で調べようとしますか
19. あなたは，正しいと思ったことは，時間をかけてもやりぬきますか
20. あなたは，時々一人になって，自分の進む道を，よく考えてみますか

注）浅海健一郎（1999）「子どもの「主体性尺度」作成の試み」『人間性心理学研究』17(2), 154-163 より。

付録② IUタイプ別心の健康度平均・SD（一要因分散分析）

	①I+U+ (N=126)	②I+U- (N=128)	③I-U+ (N=147)	④I-U- (N=369)	分散分析	多重比較（Tukey法）
心の健康度	58.15 (6.489)	54.14 (7.528)	48.23 (9.161)	43.92 (9.348)	F(3,766) =105.493 p＜.001	①＞②＞③＞④

付録③ 心の健康度と「私はOKである」・「あなたはOKである」との相関

	「私はOKである」	「あなたはOKである」
心の健康度	0.658* N=770	0.372* N=770

注) *：p＜.01

付録④ 心の健康度と主体性との関係

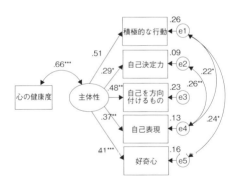

数値は標準化推定値　*p＜.05, **p＜.01, ***p＜.001
（「主体性」から「積極的な行動」へのパスは拘束されているため*印は記されていない）

分析にはAmosを用いた。適合度指標は，GFI=.987, AGFI=.954, CFI=1.000, RMSEA=.000であった。GFIおよびAGFIは，いずれも0.9を超えており，CFIは0.95を超えている。しかも，RMSEAも0.05を下回っている。以上のように，このモデルは，一般に用いられているこれらの指標の基準をすべてクリアしており，十分な適合を示しているといってよい。

付録⑤ PC 値と内定時期との相関

	内定時期
PC 値	-.233* N=74

注) *: $p < .05$

付録⑥ 月末現在内定群・未定群の PC 平均値 (SD), 人数 (N) および検定結果

内定時期		月末現在内定群	月末現在未定群	検定結果
3 年次		52.00 (-) N=1	51.68 (9.704) N=73	
4 年次	4 月	52.80 (8.521) N=15	51.41 (9.948) N=59	
	5 月	53.92 (8.175) N=25	50.55 (10.194) N=49	
	6 月	53.97 (8.587) N=36	49.53 (10.179) N=38	$p < .05$
	7 月	53.70 (8.564) N=40	49.32 (10.397) N=34	
	8 月	53.74 (8.871) N=42	49.00 (10.074) N=32	$p < .05$
	9 月	53.66 (8.704) N=47	48.26 (10.369) N=27	$p < .05$
	10 月	53.58 (8.627) N=48	48.19 (10.568) N=26	$p < .05$
	11 月	52.85 (8.691) N=54	48.55 (11.487) N=20	
	12 月	52.50 (9.267) N=58	48.75 (10.674) N=16	
	1 月	52.05 (9.645) N=60	50.14 (9.805) N=14	
	2 月	52.13 (9.528) N=63	49.18 (10.342) N=11	

付録⑦ 心の健康度別にみた五人の私の平均・SD（一要因分散分析）

	① PC < 40 (N=168)	② 40 ≦ PC < 60 (N=489)	③ PC ≧ 60 (N=113)	分散分析	多重比較 (Tukey 法)
CP	44.60 (10.153)	48.10 (10.350)	52.25 (10.083)	$F(2,767)=18.659$, $p<.001$	① < ② < ③
NP	43.79 (10.056)	48.81 (9.793)	54.14 (9.625)	$F(2,767)=29.779$, $p<.001$	① < ② < ③
A	43.79 (10.056)	48.81 (9.793)	54.14 (9.625)	$F(2,767)=38.194$, $p<.001$	① < ② < ③
FC	47.92 (8.169)	52.23 (8.141)	56.62 (7.169)	$F(2,767)=40.771$, $p<.001$	① < ② < ③
AC	61.13 (7.531)	58.65 (8.282)	54.63 (9.640)	$F(2,767)=20.521$, $p<.001$	① > ② > ③

付録⑧ 透過性調整力平均値（SD）の事前・事後比較

	事前	事後	検定結果
実験群	9.90 (4.79)	12.50 (4.97)	$p<.001$
統制群	10.83 (5.04)	10.17 (4.90)	

付録⑨ アサーション的な傾向平均値の事前・事後比較

●実験群の平均値（SD）の事前・事後比較

	事　前	事　後	検定結果
アサーティブネス傾向	15.94　(7.14)	25.33　(13.39)	$p < .05$
他人の権利を尊重しない ノン・アサーティブネス傾向	14.67　(4.59)	9.67　(8.17)	$p < .05$
自分の権利を尊重しない ノン・アサーティブネス傾向	20.53　(5.90)	16.05　(10.28)	$p < .01$

●統制群の平均値（SD）の事前・事後比較

	事　前	事　後	検定結果
アサーティブネス傾向	19.00　(11.49)	16.05　(12.90)	
他人の権利を尊重しない ノン・アサーティブネス傾向	11.19　(6.99)	10.12　(8.32)	
自分の権利を尊重しない ノン・アサーティブネス傾向	16.94　(10.53)	14.25　(11.50)	

注）測定には勝原裕美子「アサーティブネス／ノン・アサーティブネス傾向測定ツール」（『ビー・アサーティブ！―現場に活かすトレーニングの実際』2003年，医学書院，pp.11-14）が用いられている。この測定ツールではアサーション的な傾向を次の三つの要素に分けて測定している。
(1) アサーティブネス傾向：得点が大きくなる方がよい
(2) 相手の権利を気づかわないノン・アサーティブ傾向：得点が小さくなる方がよい
(3) 自分の権利を気づかわないノン・アサーティブ傾向：得点が小さくなる方がよい

付録⑩ 透過性調整力平均値（SD）の事前・事後比較

	事　前	事　後	検定結果
実験群	12.45　(3.98)	14.82　(3.68)	$p < .05$
統制群	12.18　(4.79)	12.00　(4.07)	

付録⑪ 心の健康度の年度別事前・事後平均値（SD），人数（N）および検定結果

	2013年度 事前	2013年度 事後	検定結果	2014年度 事前	2014年度 事後	検定結果
第一段階 （1年生）	12.36（4.190） N=248	12.80（4.071） N=248	$p<.05$	12.22（4.058） N=256	12.88（4.004） N=256	$p<.01$
第二段階 （2年生）	12.11（4.564） N=85	11.81（4.063） N=85		12.94（4.014） N=114	12.81（4.102） N=114	

	2015年度 事前	2015年度 事後	検定結果	2016年度 事前	2016年度 事後	検定結果
第一段階 （1年生）	11.57（4.022） N=237	12.74（4.179） N=237	$p<.001$	12.43（4.003） N=228	13.07（3.863） N=228	$p<.01$
第二段階 （2年生）	12.80（4.125） N=76	13.41（4.364） N=76		12.98（4.112） N=109	13.55（3.905） N=109	

	2013-2016年度 事前	2013-2016年度 事後	検定結果
第一段階 （1年生）	12.15（4.078） N=969	12.87（4.028） N=969	$p<.001$
第二段階 （2年生）	12.74（4.188） N=384	12.92（4.130） N=384	

付録⑫ 相関係数（N=1,157）

	CP	NP	A	FC	AC
PC	.253**	.447**	.301**	.385**	-.230**

注）**：$p<.01$

付録⑬　エゴグラム事前・事後平均値（SD），人数（N）および検定結果

		事　前	事　後	検定結果
第一段階 （1年生）	CP	10.22（3.162） N=969	10.49（3.285） N=969	p＜.01
	NP	14.49（3.377） N=969	15.14（3.483） N=969	p＜.001
	A	10.25（3.531） N=969	10.79（3.628） N=969	p＜.001
	FC	14.92（2.939） N=969	15.68（2.828） N=969	p＜.001
	AC	13.47（4.153） N=969	13.06（4.237） N=969	p＜.001
第二段階 （2年生）	CP	10.39（3.413） N=384	10.80（3.424） N=384	p＜.01
	NP	15.36（3.620） N=384	15.80（3.345） N=384	p＜.01
	A	11.03（3.492） N=384	11.54（3.398） N=384	p＜.01
	FC	15.73（3.013） N=384	15.95（2.671） N=384	
	AC	13.26（4.474） N=384	13.06（4.510） N=384	

注）図10-2では偏差値に変換されてグラフ表示されているが，上の表では素点で計算されている。

著者紹介

後藤文彦（ごとう　ふみひこ）
株式会社ヒューマンアクティベーション顧問。京都産業大学名誉教授。関西学院大学大学院商学研究科博士後期課程単位取得満期退学。関西学院大学博士（商学）。京都産業大学専任講師，助教授，教授を経て 2011 年 3 月定年退職。著書に『税務会計システム論──税務戦略行動の基礎・実証・体験』（中央経済社，1998 年），『幸せを求める力が育つ大学教育』（ナカニシヤ出版，2017年）など。

主体性育成の観点から
アクティブ・ラーニングを考え直す

2018 年 8 月 31 日　　初版第 1 刷発行

　　　　著　者　後藤文彦
　　　　発行者　中西　良
　　　　発行所　株式会社ナカニシヤ出版
　　　　〒606-8161　京都市左京区一乗寺木ノ本町 15 番地
　　　　　　　　　　　　Telephone　075-723-0111
　　　　　　　　　　　　Facsimile　075-723-0095
　　　　　　　　Website　http://www.nakanishiya.co.jp/
　　　　　　　　Email　iihon-ippai@nakanishiya.co.jp
　　　　　　　　　　　　郵便振替　01030-0-13128

印刷・製本＝ファインワークス／装幀＝白沢　正
Copyright © 2018 by F. Goto
Printed in Japan.
ISBN978-4-7795-1307-7

本書のコピー，スキャン，デジタル化等の無断複製は著作権法上の例外を除き禁じられています。本書を代行業者等の第三者に依頼してスキャンやデジタル化することはたとえ個人や家庭内での利用であっても著作権法上認められていません。